Nähen
macht glücklich

Kleider, Röcke, Shirts und mehr

Karin Ziegler

Nähen macht glücklich

Kleider, Röcke, Shirts und mehr

Mit Fotos von Ulrich Hartmann

DK

Inhalt

Märchenhafte Maschenware: Geschmeidige Teile aus Jersey, Fleece und Sweat

Stich für Stich ein Gedicht: Kreationen aus Webstoff

Dies ist kein Fachbuch, sondern ein Machbuch!

Seit jeher begeistert es mich, aus ein bisschen schönem Stoff und ein paar Zutaten zauberhafte Kleidung oder Gegenstände zu machen, die das Herz erfreuen und die Fantasie beflügeln. Mit der richtigen Idee und etwas Geschick entstehen wundervolle und vor allem einzigartige Sachen, die es so nirgendwo anders gibt. Dinge, die Geschichten erzählen oder Erinnerungen bewahren, Botschaften überbringen, dich mit auf Zeitreise nehmen oder schlicht die Persönlichkeit der Trägerin unterstreichen – deine Persönlichkeit!

Die Schnitte in diesem Buch sind betont unkompliziert gehalten, mit nur wenigen Schnittteilen und sich wiederholenden, leicht verständlichen Verarbeitungstechniken. Wie schwierig ein Modell ist, erkennst du an den Schneiderpuppen zu Beginn jeder Anleitung. Mit ein paar Handgriffen kannst du aus den vorhandenen Schnittbausteinen außerdem neue Modelle kreieren. So liegt dem Schnitt aller Shirts und Kleideroberteile ein einziger Basisschnitt zugrunde, dem du mit der Auswahl eines anderen Ausschnitts oder einer veränderten Länge oder Ärmellänge eine ganz neue Note verleihen kannst. Eine weitere Besonderheit des Buches ist, dass überwiegend mit Wirk- und Strickmaterialien – Single-Jersey, Fleece und Sweat – gearbeitet wird. Dadurch sind die Modelle allesamt lässig und gemütlich, verarbeitungstechnisch anspruchsvolle Details wie Reißverschlüsse oder Knopflöcher bleiben erspart. Doch Achtung: Jerseyverarbeitung ist nicht ganz ohne, man muss sich auf die Anforderungen des Materials sowohl maschinell als auch handwerklich etwas einstellen. Ein anderer Aspekt, der in die Stoffauswahl mit einfloss, ist meine Liebe zu alten Stoffen und nostalgischen Erinnerungen. So entstanden ein paar der Modelle ganz im Sinne des Upcycling-Gedankens.

Dies ist kein Fachbuch, denn es richtet sich nicht an Fachleute, sondern an begeisterungsfähige Hobbyschneiderinnen. Es ist ein Machbuch für Selbermacherinnen, die genau wissen wollen, wo und wie ihre Kleidung genäht wird – indem sie sie einfach selbst anfertigen!

Möchtest du also eigene Pfade fernab des textilen Einheitsbreis beschreiten und verfügst zudem über genug Geduld und Nähleidenschaft, um selbst in Produktion zu gehen, dann bist du richtig in diesem Buch. Herzlich willkommen im Blutsgeschwister-Nähstübchen!

Deine

Karin Ziegler

Karin Ziegler

Blutsgeschwisterliche Nähgebote

Nähen soll dein Glücksquell sein, drum hör besser auf, wird's mal gar nicht fein!

♥

Soll dein Ergebnis sauber sein, so halte deinen Nähplatz rein!

♥

Ächzt es mal im Motor drin, tropfe sachte Nähmaschinenöl dort hin!

♥

Schneide gleich ab die Fäden immer, »außen hui, innen pfui«
macht das Ganze nur schlimmer!

♥

Streicheln kannst du ein andermal, fest treten sollst du das Gaspedal!

♥

Handstiche stelle hoch in deiner Gunst, nur so wird Schneiderei zur Kunst!

♥

Wenn es vorn zwickt und hinten kneift, ist wohl der Schnitt schlecht ausgereift!

♥

Vergiss niemals das Bügeleisen, das glättet die Wogen auf vielerlei Weisen!

♥

Ein tolles Geschenk ganz selbst genäht, schenk lieber nur dem, der das versteht!

♥

Trage mit stolz geschwellter Brust die Früchte deiner Schneiderlust!

♥

Ist Nähen zwar teils harte Arbeit schon, kann es doch auch dienen zur Meditation!

♥

Was du nicht liebst, sollst du nicht nähen, was keiner braucht, ist auch nicht schön!

♥

Deiner Nächsten Stecknadeln lass aus dem Mund, denn das ist wirklich
nicht gesund!

♥

Die Nähmaschine sollst du gut kennen, sonst bringt sie dich schon
bald zum Flennen!

Mit Herz und Handwerkszeug

Gutes Handwerkszeug ist die Grundlage für erfolgreiches Nähen. Vielleicht hast du ja sogar ein liebenswertes Nähkästchen, z.B. vom Flohmarkt oder von Großmuttern. Wenn nicht, lege dir unbedingt eines zu, es wird in Zukunft all deine Schätze aufbewahren, und so hast du folgendes Handwerkszeug immer an einem Ort versammelt und schnell zur Hand!

Für die Schnittmacherei

Kopierrädchen

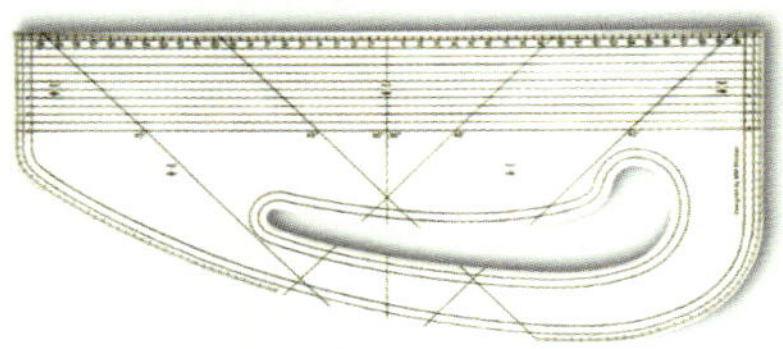

Schneiderwinkel
oder großes Geodreieck

Schnittmusterpapier, Packpapier oder transparentes Papier, z.B. Backpapier. Damit das Papier nicht verrutscht, zum Fixieren Tesafilm verwenden.

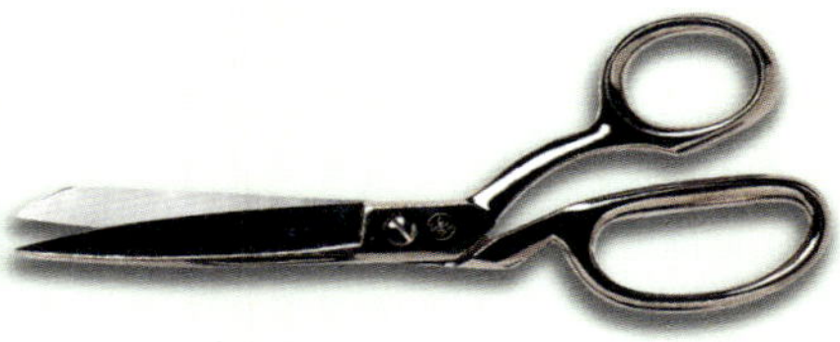

Papierschere

(Druck-)Bleistift, dazu Radiergummi und Spitzer

Für den Zuschnitt

Kreidestift/Markierungsstift

Maßband

Schneiderkreide.
Ein Spitzer hilft, die Kreide in Form zu halten.

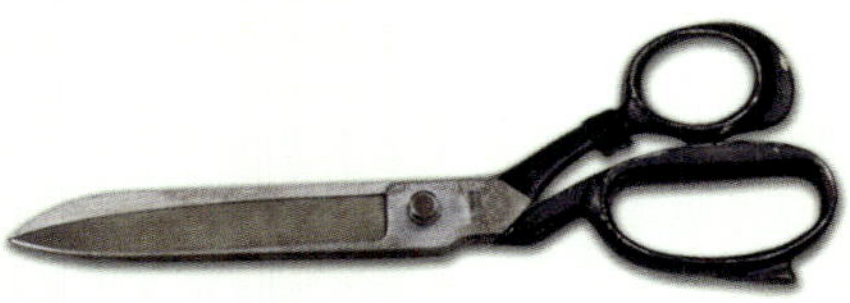

Zuschneideschere

Stecknadeln

Für das Nähen

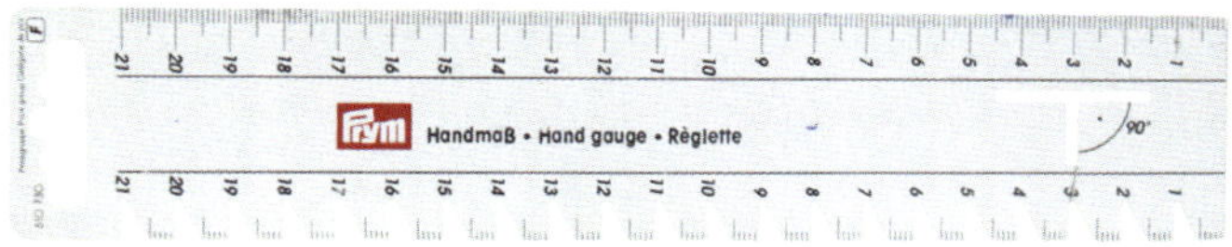

Handmaß

Kantenmagnet

Sicherheitsnadeln

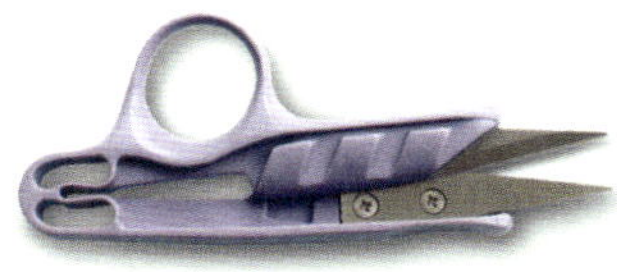
Fadenschere

Fingerhut

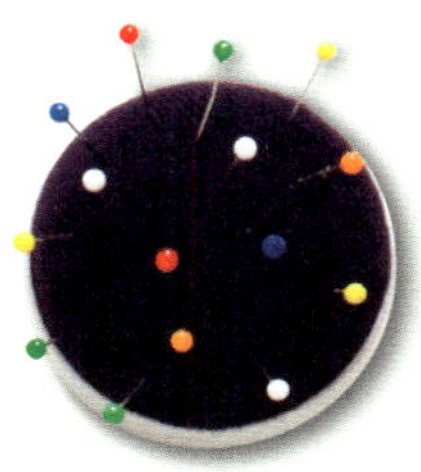
Nadelkissen

Handnähnadeln

Stecknadeln

Für das Bügeln

Bügeleisen mit ordentlich Dampf. Verwende destilliertes Wasser, damit das Bügeleisen nicht verkalkt!

Stabiles Bügelbrett

Pressholz
Als Alternative nimm ein etwa 2 cm dickes Schneidebrett aus Holz, z. B. aus der Küche, um Kanten flach zu pressen, wenn dich ein sanfter Zwiebelduft bei der Arbeit nicht stört.

Meine Freunde, die Nähmaschinen

Die flinke Dürkopp – es war einmal ein Industrieschnellnäher

Meine schnellste Freundin schafft 5000 Stiche pro Minute und hatte schon vor ihrer Begegnung mit mir ein Leben in einer Berliner Änderungsschneiderei. Ihre Form (nostalgisch) und Farbe (old fashioned Mausgrau) bezaubern mich am meisten. Auch die schimmelfarben melierte Oberfläche des Maschinentisches lässt mein Herz beim Nähen vor Wonne schneller schlagen. Der Kniehebel bereitet mir jedes Mal eine kleine Freude beim Anheben des Steppfußes. Besonders gerne nähen wir Vorhänge zusammen, das geht schnell und macht ordentlich Lärm – das Geräusch des Motors verströmt kolossale Arbeitswut. Für Feinarbeiten, oder wenn ich zu nachtschlafender Zeit noch etwas nähen möchte, nehme ich lieber meine gemächlicheren Freundinnen zu Hilfe.

Die kleine Rote

Alles begann mit einer winzigen Kindernähmaschine mit rotem Deckel von Singer, die ich im zarten Alter von acht Jahren mein Eigen nennen durfte. Leider fasste die Spule nur wenige Meter Faden, und so kamen wir beide nicht über Puppenkleider mit kurzen Nähten hinaus. Das sorgte für leichte Missstimmung. Mit meiner Kindermaschine nähte ich mir zwar wenigstens nicht durch den Finger – safety first –, doch wenn die Sache nicht funktioniert, geht der Spaß am Nähen schnell verloren. Die Puppenkleidchen gibt es immer noch, die Maschine auch. Ich lasse meine Töchter heute dennoch lieber an die großen Maschinen, um gleich ein gutes Verhältnis herzustellen und die Freude am Nähen wachsen zu lassen, denn: Gute Nähmaschinen sind wie Freunde.

Ein Herr namens Borletti

Signore Borletti habe ich auf der Straße aufgegabelt. In einem beliebten Wohnviertel einer schwäbischen Großstadt stand er eines Tages in seinem eleganten schwarz-weißen Koffer auf der Straße neben einem Spielplatz. Beim Öffnen fiel mir als Erstes der tadellose und alles bedeckende graue Lack auf – dies war eindeutig eine männliche Maschine. Sehr gepflegt schien der Signore, kein Staubkorn war zu sehen. Die Lochscheiben in der Dachluke versprachen spektakuläre Zierstiche, jedoch fehlte das entscheidende Kleinteil, um diese auszuführen. So wurde Signore Borletti von Anfang an mein Kerl fürs Grobe. Es ist schon ein kleiner Luxus, eine Maschine zu haben, die nur Zickzack oder Zweinadel näht. Denn ist sie einmal gut eingestellt, muss man sich darüber nie mehr Gedanken machen. Wenn du also etwas Platz hast, suche dir auch so ein Maschinchen fürs Grobe – kann gerne alt sein, Hauptsache gut in Schuss.

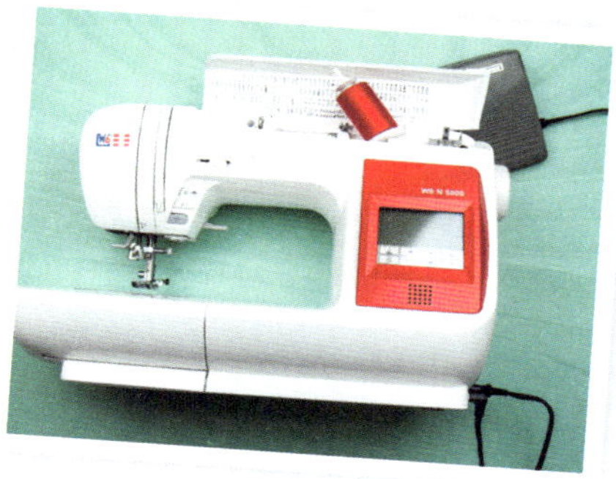

Schnurrt wie ein Kätzchen – die Wertarbeit

Bei aller Nostalgie: Missen möchte ich die computergesteuerte Nähmaschine in meinem bescheidenen Nähmaschinenpark nicht. Würde Overlocken nicht so viel Spaß machen und müsste ich mich aus Platz- oder Kostengründen auf eine Maschinenfreundin beschränken, so wäre es diese. Die W6 N 5000 ist ihren Preis mehr als wert. Sie beherrscht nicht nur zahlreiche Zierstiche, die ich eher als Spielerei betrachte, sondern näht einfach tipptopp Jersey. Meine liebste Funktion sind jedoch die Schriften, weil ich gerne mithilfe kleiner Texte mehr als nur materiellen Wert in selbst genähte Geschenke einbaue oder ganz plakativ einen Spruch, Namen oder eine augenzwinkernde Botschaft z.B. auf dem Saum platziere, völlig mühelos!

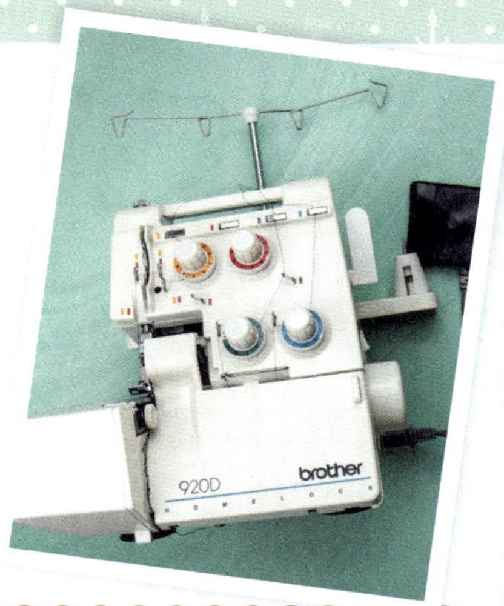

Erste Liebe Brother

Es war mitten in den Neunzigern, als die erste Overlock in mein Nähstübchen trat. Mein Vater schenkte mir diese Overlockmaschine zur Gesellenprüfung, und von da an brannte ich fürs schnelle Nähen mit Jersey. Stand eine Party bevor, nähte ich mir noch fix ein neues Kleid. Mein Wissen um die Regeln der Maßschneiderei nutzte ich vor allem dazu, um diese mit Raffinesse zu brechen. Die Jahre gingen nicht spurlos an der kleinen Brother-Maschine vorbei, erst schmolz das Pedal, dann brachen die Garnrollenhalter. Trotz eines allmählich einsetzenden charmanten Gilbschleiers war sie noch zu jeder Naht bereit. Als sie während dieses Buchprojekts jedoch häufiger zum Einsatz kam, brach der Greifer für immer ab. Guten Trost fand ich in meiner neuen Overlockmaschine W6 OV 454D von Wertarbeit, die mit mir seither durch dick und dünn näht.

Einkaufshelfer für Stoffe, Garne & Co.

Stoffeinkauf

Ein laufender Meter (lfm) ist die Maßeinheit für quasi endlose Meterware, die beim Stoffeinkauf pro Meter abgemessen wird. Unsere Mengenangaben basieren auf der gängigen Stoffbreite von 140 cm. Dies musst du berücksichtigen, wenn du auf eine abweichende Stoffbreite triffst. Ähnlich verhält es sich mit den Größen: Die Stoffmengen der einzelnen Modelle sind jeweils für Größe S/M angegeben. Für Größe L/XL schlage etwa 20 Prozent Stoffmenge drauf, entsprechend mehr, wenn du eigene Modifikationen anstellst. Meiner Erfahrung nach ist es von Vorteil, beim Stoffeinkauf großzügig vorzugehen. Es wäre doch schade, wenn dein Stoff am Ende nicht ausreicht oder du dich verschneidest und keinen Ersatz hast. Aus Resten hingegen kannst du immer noch zauberhafte Kleinigkeiten oder Details fertigen oder einen Stoffstreifen auch mal als Geschenkband verwenden.

Materialzusammensetzung

Die Materialzusammensetzung gibt an, welche Fasern prozentual im Stoff enthalten sind. Die im Buch vorgestellten Jerseymodelle wurden vorwiegend mit Baumwoll-Elasthan-Mischungen genäht. Je enger die Passform, desto elastischer muss der Stoff sein, damit das Modell komfortabel tragbar bleibt. Ein Baumwollanteil von 92 bis 98 Prozent und ein Elasthananteil von zwei bis acht Prozent sorgen in Single-Jersey-Stoffen für eine gute Elastizität. Maschenware wie Single-Jersey ist durch das Maschengestrick auch ohne Elasthananteil schon recht dehnbar, der Elasthan- oder Lycraanteil lässt die Dehnung wieder zurück in Form springen. Baumwolle ist in der Verarbeitung und Pflege ein sehr dankbares Material mit einer natürlichen bis sportlichen Anmutung, außerdem ist es sehr hautfreundlich. Möchtest du einen eleganteren Look, dann wähle Mischungen mit Viskose, Modal oder Cupro, die sich durch einen fließenden Fall auszeichnen, in der Verarbeitung jedoch etwas gewöhnungsbedürftig sind. Fleece (engl. für Flausch, deutsch: Faserpelz) ist die englische Bezeichnung für einen Veloursstoff, der meist aus Polyester, z.B. aus recycelten PET-Flaschen, hergestellt wird.

Flächengewicht

Das Flächengewicht eines Stoffes wird in Gramm pro square meter (engl. für Quadratmeter, Abkürzung: gsm) angegeben und ist eine sehr hilfreiche Angabe, wenn du Stoffe online bestellen möchtest. Ein paar Beispiele: Unsere Single-Jerseys wiegen im Durchschnitt 170 bis 200 gsm, bei Sweatware sind 250 bis 300 gsm ein schönes Gewicht. Baumwollwebstoffe beginnen bei etwa 95gsm (luftig) und gehen bis zu 200gsm (robuster Durchschnitt). Den Charakter eines Stoffes macht aber auch die Web- oder Druckart aus, deshalb ist es am besten, du kannst den Stoff vor dem Kauf auch anfassen und fühlen, ob er für dich passt und du damit arbeiten willst

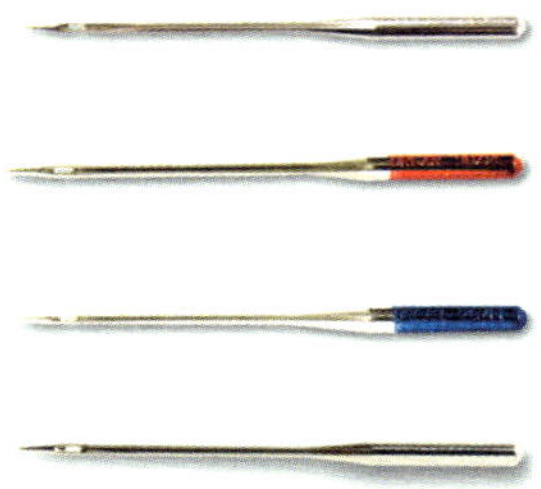

Maschinennadeln

Baumwollgarn

Overlockgarn

Nadeln und Garne

Es gibt nahezu für jedes Material im Fachhandel die passende Nähmaschinennadel. Hast du keine Gelegenheit, vorher die passenden Nadeln zu kaufen, kannst du für Jersey auch Universalnadeln in Stärke 70 bis 80 verwenden. Du solltest darauf achten, dass die Spitze glatt ist und keinen Widerhaken aufweist, da sonst die Gefahr des Maschenbruchs besteht. Die Folge können Löcher in der Naht sein. Je dicker das Material, desto stärker die Nadel. Bist du dir nicht sicher, tausche die Nadel aus. Von Zwillingsnadeln kaufe ich immer mindestens zwei, da sie gerne mal kaputt gehen. Auch hier ist die 80er-Stärke für viele Materialien einsetzbar.

Nähgarne gibt es im Kurzwarenhandel. Kaufe für Jersey immer gleich zwei Rollen der gleichen Farbe für die Zwillingsnaht. Ich verwende meistens Polyestergarne oder Baumwollgarne auf 1000-Meter-Rollen. Wenn du alte Garne im Nähkästchen hast, mach vorher den Reißtest, oft sind diese schon mürbe. Für die Overlock kaufst du am besten die 3000-Meter-Rollen in Polyester und 40er-Garnstärke.

Kleiner Tipp: Für den Nadelfaden bei der Overlock kannst du auch kleine Garnrollen verwenden, da der Verbrauch dort geringer ist als bei den Greiferfäden.

Stoffe finden

Es gibt neben liebevoll sortierten Stoffläden auch zahlreiche Onlineversender für Nähbedarf. Ich persönlich liebe es, auf Märkten im In- und Ausland nach Schätzen zu graben. Auf dem türkischen Markt am Berliner Maybachufer zum Beispiel findest du dienstags und freitags eine bunte Auswahl an tollen Stoffen zu Schnäppchenpreisen. Auch in den Schränken von lieben Omis lässt sich so mancher Stoffschatz entdecken, wie die schönen alten Vorhänge hier im Buch beweisen (siehe Seite 94 und 112). Passt der Sonnenschirm am Ende einer Reise nicht mehr ins Gepäck oder lassen abreisende Gäste kaputte Schirme achtlos am Strand liegen: Stoff abmontieren, mitnehmen und z.B. einen Tellerrock (siehe Seite 108) oder eine Tischdecke daraus machen.

Vorratshaltung

Es kann nicht schaden, bestimmte Stoffe oder Kurzwaren vorrätig zu haben, denn oft kommt ein Nähwunsch spontan. Kaufe immer gleich ein, zwei Meter Einlagematerial und eine Auswahl an Garnen, Nähnadeln und Gummis, denn du brauchst sie immer wieder. Findest du eine Kiste nostalgischer Bänder oder Knöpfe auf dem Flohmarkt, ist das eine einmalige Gelegenheit, die du dir nicht entgehen lassen solltest, auch wenn du noch nicht weißt, wofür du sie einmal brauchen wirst. Nach und nach wirst du dir so eine textile Schatzkammer zulegen. Auch größere Stoffreste solltest du nie achtlos in den Müll werfen, vielleicht wird irgendwann eine hübsche Patchworkarbeit, Applikation oder Schleife daraus. Fleecedecken müssen ebenso wenig ausgemustert werden. Wenn dir das Muster noch gefällt, nähe dir etwas zum Anziehen daraus!

Blutsgeschwisterliche Stoffkunde

Wir Blutsgeschwister lieben es bunt, meist gemustert, individuell und immer lebensfroh, deshalb entwickeln wir auch die meisten unserer Drucke selbst! Ein Stoff muss eine Seele haben und Geschichten erzählen, um einen Platz in unseren Herzen und in der Kollektion zu finden. Um solche Stoffe zu tragen, sind Mut zum eigenen Stil und Freude an ausgefallenen Farb- und Musterkombinationen unerlässlich. Fantasie, Tradition, Poesie, Nostalgie und Vintage-Appeal machen die Stoffe, die wir lieben, zur Lebensgefühlausstattung. Wenn du dir selbst etwas nähst und dir dafür schöne Stoffe aussuchst, wirst du merken, wie viel Freude es macht, besondere Kombinationen auszuprobieren!

Polka Dots

Ein All-time-Favourite sind Polka Dots. Erfunden 1873, als Polkatanzen groß in Mode war, tanzen die fröhlichen Punkte seither in mannigfaltigen Varianten durch die Stoffwelt. Mädchenhaft und beschwingt zieht sich die Popularität der Punktmuster wie ein roter Faden durch die Garderobe verschiedenster Modekonsumenten – von der Flamencotänzerin bis zum Bürohirsch, von Rockabilly bis Kindergarten, ja, sogar der Marienkäfer trägt sie mit Begeisterung!

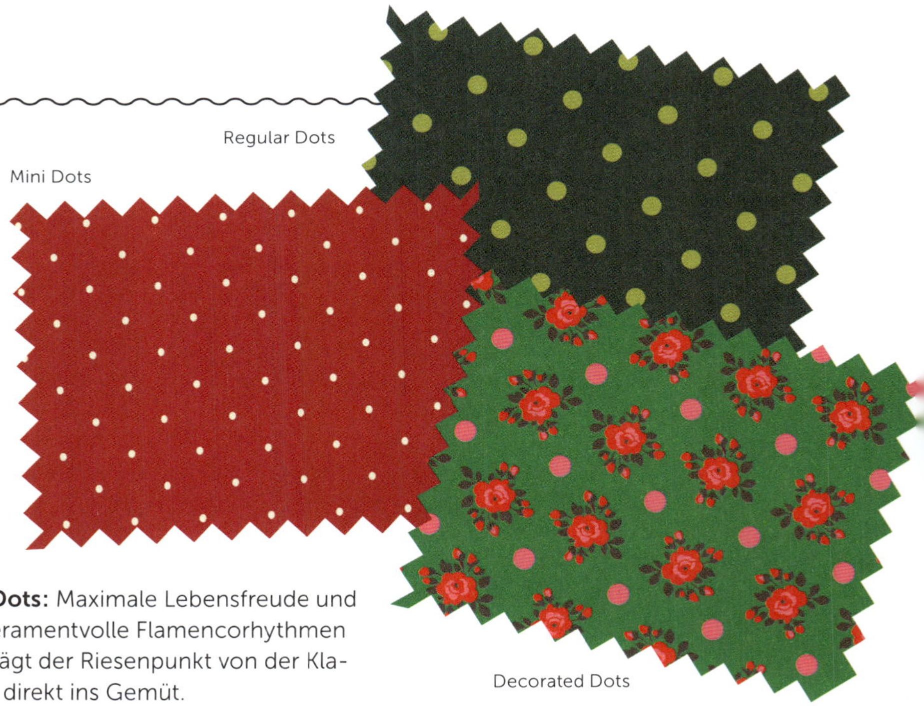

Regular Dots: Der Klassiker glänzt mit farbigem Grund und weißen, gleichmäßig verteilten Punkten in einer gemäßigten Punktgröße. Diese Dots erzeugen den besten Vintage-Appeal.

Mini Dots: Je leiser ein Seelchen, desto kleiner der Punkt, den seine Trägerin auf ihrem Kleid spazieren trägt.

Maxi Dots: Maximale Lebensfreude und temperamentvolle Flamencorhythmen überträgt der Riesenpunkt von der Klamotte direkt ins Gemüt.

Irregular Dots: Diese Punkte tanzen aus der Reihe und sind eine gute Alternative für lebenslustige Freigeister.

Decorated Dots: Der dekorierte Punkt ist typisch für den Blutsgeschwister-Stil. Mit stilbildenden Elementen wie kleinen Bouquets zwischen den Dots oder sogar Motiven im Inneren eines Punktes bringen wir mit Raffinesse die gewohnte Ordnung durcheinander und binden den Punkt so in fantastische Geschichten ein.

Bretonstreifen

Multi-Ringel

Decorated Stripes

Streifen und Ringel

Gewirkte Streifenstoffe gibt es allerorten, der hochwertige Streifen sticht jedoch durch einen wichtigen Aspekt aus der Masse der Streifen hervor: Er ist »yarn-dyed«. Die gefärbten Garne werden in einem Schlauch gewirkt. Dabei wechseln die verschiedenen Streifenfarben und es entsteht ein geringelter Jersey. Anhand gedrehter Fadenläufe kannst du auch einfach geschnittenen Modellen eine avantgardistische Wirkung verleihen. Streifen sind im Übrigen weit davon entfernt, dick zu machen, wie das der Volksmund hartnäckig behauptet. Ganz im Gegenteil lenken sie von Röllchen ab und verwirren die Sinne auf positivste Weise.

Bretonstreifen: Edie Sedgwick, Brigitte Bardot und Coco Chanel konnten nicht irren, als sie sich des typischen Musters französischer Seemänner bedienten und damit stilistisch unglaubliche Lässigkeit an den Tag legten. Bis heute ist der unregelmäßige Querstreifen Liebling aller Modeschichten, Männer, Frauen und Kinder kleidet er formidabel. Wunderbar zu Jeans, engen Bleistifthosen und Parkas, auch im Komplettlook als Kleid total tragbar.

Gleichmäßiger Two-to-one-Ringel: Schiff ahoi! Es weht immer eine frische Meeresbrise mit, wenn du dich für einen gleichmäßigen Ringel in Blau-Weiß oder Rot-Weiß entscheidest.

Multi-Ringel: Der Multi-Ringel ist ein Kombinationsinstrument erster Sahne. Indem mehrere Farben mit denen eines Kombistoffes übereinstimmen, entsteht ein zauberhaftes Zusammenspiel. Ein Multi-Ringel ist von allen Streifenstoffen der fröhlichste.

Blockstreifen längs oder quer: Im Zuge des 1980er-Revivals konnte der Blockstreifen wieder Punkte sammeln. Besonders längs gestreift macht er einen urbanen Punk-Look.

Decorated Stripes: Ein dekorierter Streifen ist ein blutsgeschwisterlicher Favorit, der die grafische Stringenz eines Streifens mit der Verspieltheit eines Blumenmusters kombiniert. Im Vergleich zu den »yarn-dyed stripes« kann ein dekorierter Streifen nur gedruckt werden.

Blockstreifen/Decorated Stripes

Karos

Webkaros werden durch das Verweben verschiedenfarbiger Garne gewonnen. Mit den Karos auf Jerseystoffen verhält es sich anders, sie werden gedruckt. Trotz oder gerade wegen des zum Teil nüchternen und grafischen Charakters kann man durch die Kombination mit anderen Mustern tolle Effekte schaffen: Zusammen mit Punkten wirkt Karo charmant clownesk, mit Ringeln getragen gar sportlich-avantgardistisch und in Kombination mit Rosen oder Blümchen entsteht ein romantischer Landhaus-Look.

Tartan/Schottenkaro: Der Tartan eines schottischen Clans hat eine spezielle Abfolge von Farben, in denen sich dessen Traditionen widerspiegeln. Punks und Internatsschülerinnen tragen ebenfalls leidenschaftlich gern Kleidungsstücke mit Tartan-Musterung. Auch ohne schottische Wurzeln nutzen wir selbst kreierte Tartans, z.B. als Futter für ein Kleidungsstück. Mein liebstes Beispiel ist der kuschelige Fleece-Tartan, den ich hier im Buch vernäht habe (siehe Seite 78).

Glencheck: Der Glencheck ist eine traditionelle Musterung für klassische Herrenmode. Wir haben den Spieß umgedreht und selbst die Glencheck-Hosen an! Das Buch wartet mit einer augenzwinkernden Riesen-Glencheck-Variante auf, die zwar mit sämtlichen Traditionen bricht, dabei aber den leicht strengen Charme eines britischen Gentlemans bewahrt (siehe Seite 74).

Vichy-Karo: So einfach, so gut: Vichy-Karo lässt sich in keine Schublade stecken! So schmückt es schwungvolle Retrokleider und Rockabilly-Bikinis ebenso wie zünftige Dirndlblusen und Bierzeltgarnituren. Auch wir Blutsgeschwister lieben Vichy-Karo sehr und drucken es mit Kirschen, Tomaten oder Blumen garniert auf unsere Jerseystoffe. Für ein gewebtes Vichy-Karo werden opake Streifen in regelmäßigen Abständen miteinander verwebt.

Multi-Vichy: Eine unserer Eigenkreationen, bei der opake Streifen in vier bis sechs bunten Farben gekreuzt werden. Der Effekt ist ähnlich dem Multi-Ringel: Wenn die Karofarben mit denen eines gedruckten Allovers übereinstimmen, entsteht eine textile Korrespondenz höchster Güte.

Schachbrett: Dieses Muster ist kein klassisches Webkaro und wird meist auf den Stoff gedruckt. Im Buch habe ich eine farblich außergewöhnliche, schräg gestellte Schachbrettvariante in Rostrot-Burgund zur Kombination mit einem alten Vorhangstoff verwendet (siehe Seite 116). In seiner klassischen schwarz-weißen Form erinnert ein Schachbrett an edle Fußböden, Zauberei, Rennstreifen und Ska.

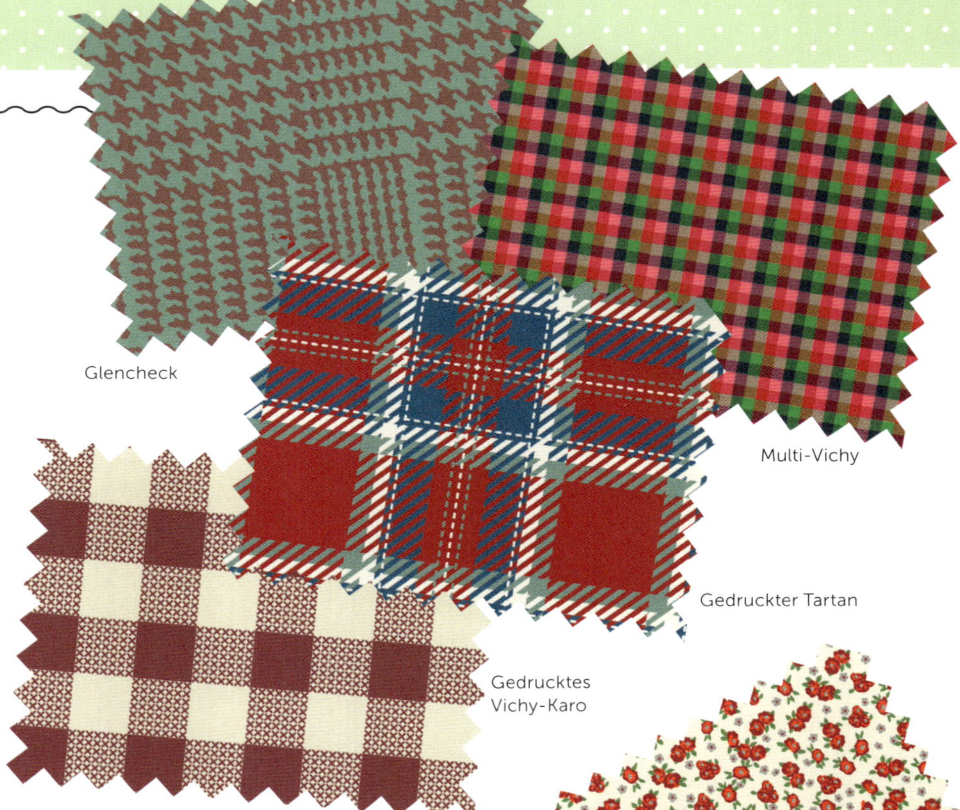

Glencheck

Multi-Vichy

Gedruckter Tartan

Gedrucktes Vichy-Karo

Streublümchen

Bouquet

Folklore

Florale Muster

Hier bin ich zu Hause, denn Blumen blühen auf einer Vielzahl von Blutsgeschwister-Stoffen. Doch Blume ist nicht gleich Blümchen und die Sprache der Rosen, Tulpen, Nelken, Hibisken und abstrakten Flowers könnte unterschiedlicher nicht sein. Blumenstoffe werden auf Jersey und Webstoffen meistens aufgedruckt. Je mehr Farben enthalten sind, desto teurer ist die Herstellung.

Streublümchen: Kommen mit wenig Farben aus und sind entzückende Kombinationspartner. Im Gegensatz zu ihren großen Schwestern, den Bouquets, rangieren Streublümchen eher im Mauerblümchenmilieu. Mädchenhaft, scheu und zart lassen sich die »mille fleurs« im Winter gut mit weichem Strick umhüllen.

Großzügige Bouquets: Sie sind meist exotisch-opulent oder von ländlichem Charme geprägt. Die aussagekräftigen Motive findet man oft auf Webstoffen. Perfekt für schwungvolle Röcke und Kleider, aber auch als Vorhänge und Tischwäsche ein Traum.

Folklore-Prints: Unsere Folklore-Prints spielen mit traditionellen Mustern fremder Kulturen, wie der gezeigte »Galão love« (siehe Seite 54), der stilistische Elemente eines portugiesischen Souvenirs, dem Hahn von Barcelos, enthält. So vereinen sich Tradition und Fantasie in einem Stoffdruck.

Retroblumenmuster: Ein solches Muster greift populäre Formen von früher auf und interpretiert sie neu im Rahmen eines Kollektionsthemas. Für viele Menschen beinhaltet diese Art von Stoffen Kindheitserinnerungen und weckt ein vertrautes, heimeliges Gefühl, wenn man sie betrachtet oder trägt.

Ornamentale Stoffe: Opulente, geschwungene Formen mit floralen Mustern oder Fantasieelementen werden kunstvoll ineinander arrangiert. Muster von antiken Teppichen und Tapeten sind eine schöne Inspirationsquelle bei der Entstehung eines ornamentalen Stoffes.

Abstrakt

Themendruck

Maritim

Weitere besondere Muster

Es gibt natürlich noch viele, viele andere, wunderschöne und besondere Drucke, fernab der grafischen Klassiker und floralen Muster. Nur ein paar davon möchte ich hier vorstellen:

Themendrucke: Eine Kollektion folgt immer einem Thema, einer Geschichte. Man kann dies in der Schnittführung zum Ausdruck bringen, abstrakt aufgreifen oder das Thema ganz bildhaft illustrieren; dies machen wir in unseren Themendrucken. Sei es ein stoffgewordener Thanksgiving-Dinner-Comic, ein naiver Apfeldruck oder ein Allover mit Tanzpaaren, der Fantasie ist freier Lauf gelassen. Dies natürlich immer unter der Voraussetzung, auch dazu kombinierbare, ruhigere Stoffe im Programm zu haben, die sowohl stilistisch als auch farblich mit dem extremen Muster korrespondieren.

Abstrakte grafische Muster: Hier überschreitet das Stoffdesign die Grenze des Gegenständlichen und erzeugt dadurch interessante Muster, die mit freien Formen und Farben spielen und so fürs Auge einen angenehmen Ausgleich zu all den Blumen und lieblichen Mustern bilden.

Ethnomuster: Sei es Ikat-, Navajo- oder Aztec-Muster – Ethnomotive erleben eine Renaissance fernab von Hippie-Dörfern und Goa-Festivals und sind nach wie vor sehr angesagt. Wir interpretieren sie wie immer auf Blutsgeschwister-Art.

Maritime Muster: Wen wundert's? Nicht von ungefähr kommt der Anker im Blutsgeschwister-Logo: Meine Kindheit am Bodensee hat mich geprägt! Die erträumte Hafenromanze zwischen Seemann und Matrosenliebchen tanzt unter Möwengeschrei durch meinen Kopf, wenn ich mal wieder einen Stoff von feinstem Seemannsgarn erdenke. Tattoos, die ewige Liebe schwören, Anker, Herzen, Segelboote, Wellen, Meer und Möwen: für immer Schiff ahoi!

SINGER

Schnittmacherei

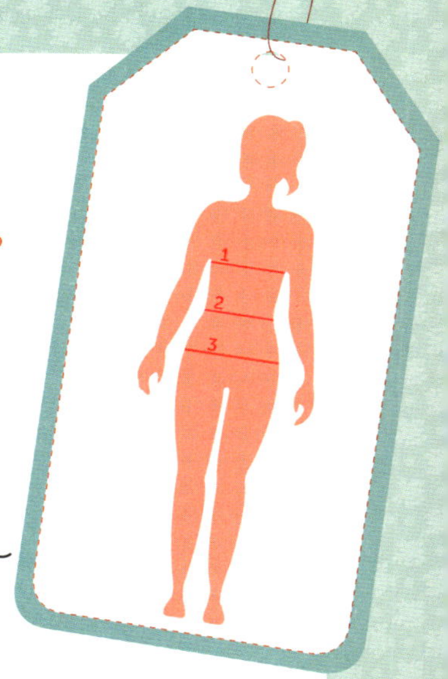

Die Schnitte auf den beigelegten Schnittmusterbogen sind in den Mischgrößen S/M und L/XL angelegt. Hier eine kleine Orientierungshilfe, welche Körpermaße diese Größen in etwa abdecken.

Größe	Entspricht in Deutschland Größe	Brustumfang über der stärksten Stelle der Brust gemessen (1)	Taillenumfang an der schmalsten Stelle der Taille gemessen (2)	Hüftumfang über der stärksten Stelle (3) des Gesäßes gemessen	Ärmellänge von Schulter bis Handgelenk gemessen	Körperhöhe
S/M	36/40	85 – 92 cm	68 – 75 cm	94 – 101 cm	59,5 cm	168 cm
L/XL	40/44	93 – 103 cm	76 – 86 cm	102 – 112 cm	60,5 cm	172 cm

Schnitte aus dem Schnittmusterbogen kopieren

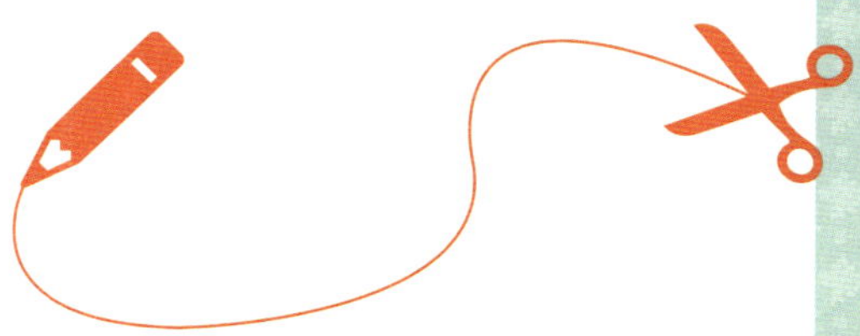

Die Schnitte zu den Modellen findest du auf den beigelegten Schnittmusterbogen in den Größen S/M und L/XL. Möchtest du die Größen darüber hinaus modifizieren, folge den Anweisungen ab Seite 44. Auf folgende Arten kannst du mit der Schnittgewinnung beginnen:

Lege entweder transparentes Papier auf das Schnittmuster und zeichne die Linien von oben durch (um die langen, geraden Strecken zu zeichnen, nimm ein großes Geodreieck oder einen Schneiderwinkel zu Hilfe) oder lege den Schnittmusterbogen auf festes Papier und übertrage die Schnittlinien mit einem Kopierrädchen. Das geht am besten auf weichem Untergrund, z.B. dünnem Filz, der mit einem Klebeband am Tisch befestigt ist. In beiden Fällen musst du den Schnitt sorgfältig ausschneiden sowie Knipse (siehe Seite 23) und Beschriftungen übertragen. Auch den Fadenlauf solltest du nicht vergessen und die Nahtzugaben grob markieren! Im Schnitt sind Naht- und Saumzugaben enthalten, aber nicht angezeichnet. Die exakten Naht- und Saumbreiten findest du bei jedem Modell bei der Anleitung zum Zuschnitt. Schnittmodifikationen kannst du anschließend vornehmen.

Schnittbaukasten

Ein Modellgenerator schlechthin, wenn man ihn zu nutzen weiß: Die Oberteilschnitte der drei Shirts (Seite 54, 58 und 62) und die Oberteile der Kleider (Seite 68, 75 und 103) basieren auf demselben Grundschnitt. Du kannst also ganz nach Belieben Ausschnitte, Krägen, Längen und Ärmellängen tauschen und mit Rockteilen kombinieren (immer vorausgesetzt, du nähst die Röcke auf gleicher Höhe an) und somit im Handumdrehen viele neue Modelle kreieren. Weitere Tipps zur Schnittmodifikation findest du ab Seite 44.

Wissenswertes für den Zuschnitt

Rechte und linke Stoffseite

Bevor du mit dem Zuschnitt beginnst, betrachte deinen Stoff aufmerksam und finde heraus, welche Seite die rechte, von außen sichtbare Seite ist. Woran du diese erkennst, erkläre ich dir unten. Die Schnittteile überträgst du auf die andere, linke Stoffseite und schneidest sie zu.

Jersey
Die beiden Stoffseiten von Single-Jersey weisen ein deutlich unteschiedliches Maschenbild auf. Während die rechte Seite kleine Längsreihen hat, die den Fadenlauf darstellen, weist die linke Seite winzige linke Maschen auf, die wie ineinander verhakte Wellen aussehen. Da Jersey in der Herstellung gestrickt wird, ist das Maschenbild identisch mit einem Rechts-Links-Strick. Bei bedruckten Jerseystoffen kannst du die rechte Stoffseite eigentlich kaum verfehlen: Einfach die Seite mit dem deutlicheren Muster nehmen.

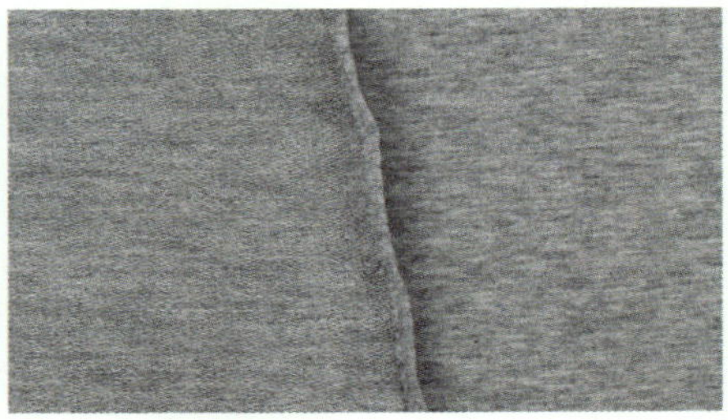

Sweat
Die Stoffseiten einer Zwei-Garn-Ware, im Buch »Sweatware« genannt, sind einfach zu unterscheiden. Die rechte Stoffseite ist nahezu identisch mit der rechten Seite eines Single-Jerseys. Links sieht der Sweat fast wie Frottee aus. Manchmal ist Sweat auch gebürstet, dann wirkt er auf der linken Seite wollig, und ähnlich einem Fleece sind keine Maschen zu erkennen.

Webstoff
Bei bedruckten Webstoffen ist es sehr einfach, die rechte Seite zu bestimmen. Die Seite mit dem brillanteren Druck ist immer für außen gedacht. Jacquardstoffe mit eingewebtem Muster wie bei unserem Kragen (siehe Seite 126) haben ebenfalls eine deutlich schönere Seite. Speziell bei Jacquard bildet die linke Seite oft sehr interessante Effekte, die du dir zur Abwechslung als rechte Seite zunutze machen kannst.

Fleece
Bei einem Fleece mit Allover-Print erkennst du die rechte Stoffseite an der stärkeren Farbbrillanz, während auf der Rückseite Farben und Formen abgestumpfter erscheinen. Bei einfarbigem Fleece entscheidest du dich für das schönere Oberflächenbild. Zum Teil hat die linke Seite kleine Knötchen.

Fadenlauf und was er für einen Sinn hat

Die Kettfäden eines Gewebes verlaufen immer parallel zu den Webkanten und bilden den Fadenlauf. Beim Zuschnitt eines Kleidungsstückes ist es von größter Wichtigkeit, dass du den Fadenlauf beachtest und nicht einfach das Schnittmuster kreuz und quer hinlegst, nur um Stoff zu sparen. Spätestens beim Waschen würde so ein Teil die Form verlieren und du könntest es dann womöglich nicht mehr tragen, was schade wäre. Bestimme also immer zuerst den Fadenlauf, bevor du den Stoff für den Zuschnitt zurechtlegst.

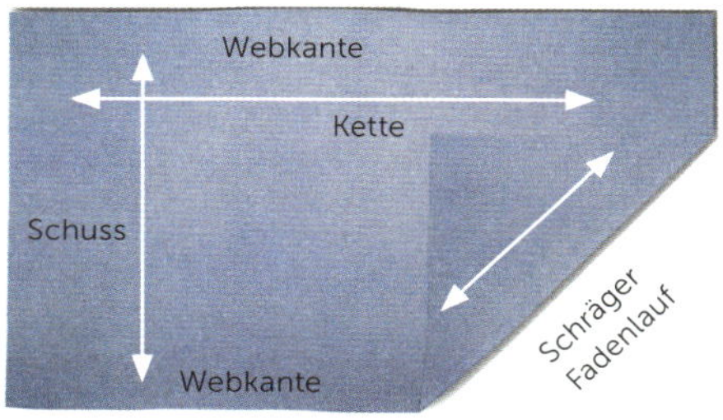

Fadenlauf bei Jersey
Bei Jerseystoffen nennt man den Fadenlauf eigentlich Maschenlauf. Die Maschen bilden auf der rechten Stoffseite kleine Längsreihen, die parallel zur Webkante verlaufen und bei Jersey den Fadenlauf beschreiben. Du kannst diese Reihen gut erkennen, wenn du den Stoff auseinanderziehst, in Querrichtung zeigt sich dann eine Rippenstruktur.

Fadenlauf bei Webstoffen
Bei Webstoffen liegt der Fadenlauf einer Stoffbahn parallel zur Webkante. Kettfäden und Schussfäden sind im 90-Grad-Winkel miteinander verwebt, wobei die Kettfäden parallel zur Webkante verlaufen, also den Fadenlauf beschreiben.

Gedrehter Fadenlauf
Wenn du bei einem Jerseymodell, z.B. wegen Stoffknappheit, den Fadenlauf ändern musst, prüfe vorher, ob der Stoff in Quer- und Längsrichtung ähnlich elastisch ist. Ist dies nicht der Fall, lass es gleich bleiben, vor allem wenn das Modell eine enge Passform hat. Ist der Stoff in beide Richtungen ähnlich elastisch, drehe den Fadenlauf um exakt 90 Grad. Bei Webstoffen empfehle ich maximal eine 45-Grad-Drehung, aber nur bei kleinen Teilen wie Passen oder besonders großen und körperfernen Teilen wie Tellerröcken.

Tipp

Lust zu experimentieren? Dann verarbeite Sweatware mal mit der linken Seite nach außen. So kannst du mit den verschiedenen Oberflächen spielen, z.B. innerhalb eines Modells. Wenn die Innenseite nicht gebürstet ist, sind die losen Schlaufen jedoch etwas anfälliger fürs Hängenbleiben und Fädenziehen, das solltest du bedenken.

So wird der Stoff gelegt

Rechts auf rechts: Beim Zuschnitt liegt die »schöne«, rechte Stoffseite in der Regel innen und aufeinander, damit sie nicht durch Markierungen mit Schneiderkreide Schaden nimmt. Auch Nähte schließt du später bis auf wenige Ausnahmen rechts auf rechts. Wenn du sie wendest, ist die rechte Seite »sauber« und die unsaubere Seite, also alle Nahtzugaben, Markierungen und Einlagen, verschwindet im Inneren und ist unsichtbar.

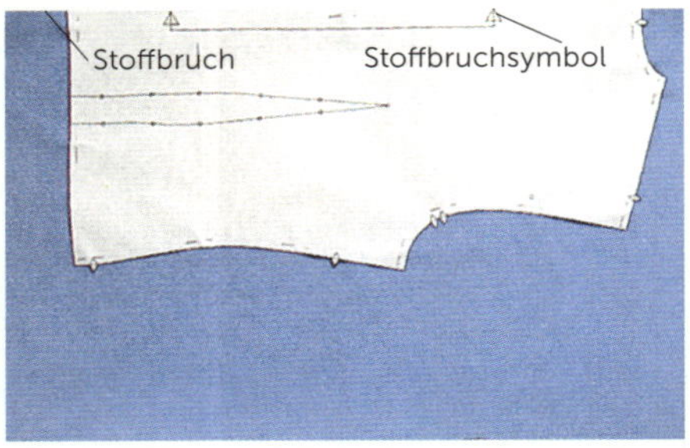

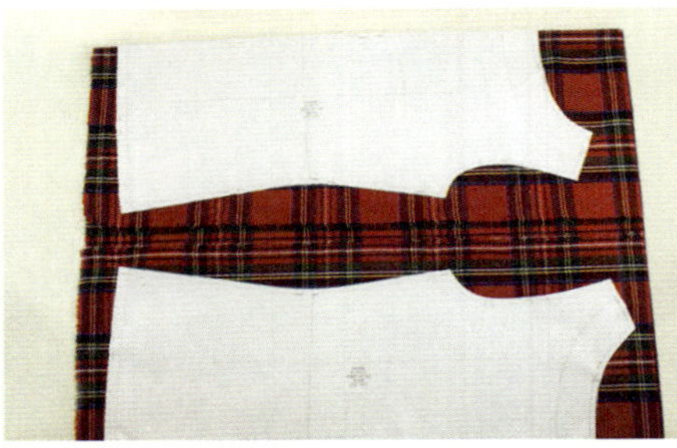

Einzelzuschnitt
Beim Einzelzuschnitt wird der Stoff in den sogenannten Stoffbruch gelegt. Dafür klappt man ihn auf die Hälfte zusammen, sodass die rechte Seite innen liegt. Die Webkanten kommen aufeinander zu liegen, auf der anderen Seite entsteht eine Bruchfalte.

Während in der industriellen Fertigung die 1,40 m breiten Stoffe offen mehrlagig übereinander geschichtet und computergesteuert zugeschnitten werden, eignet sich für den heimischen Küchentisch mit seinen begrenzten Platzverhältnissen meist ein Zuschnitt im Bruch. Du kopierst dir dafür nur den halben Schnitt heraus und legst ihn mit der vorderen Mitte und Rückenmitte dort an, wo der Stoff den Bruch bildet.

Zuschnitt im Doppelbruch
»Im Doppelbruch« ist meine Bezeichnung für eine materialsparende Zuschneidetechnik. Du klappst die Webkanten beidseitig zur Mitte, mindestens so breit, wie das Schnittteil ist, oder einfach so, dass sich die Webkanten in der Mitte wieder treffen. So entstehen zwei Brüche und in der Mitte bleibt ein großer Rest übrig. Ich nutze diese Methode, um zuerst die beiden Rumpfteile eines Oberteils zuzuschneiden. Danach lege ich das Material wieder in einen normalen Bruch und schneide die restlichen Schnittteile zu. Auch im Doppelbruch liegt das Material rechts auf rechts.

Schrägzuschnitt
Einen Schrägzuschnitt kannst du z.B. bei Karo- oder Streifenstoffen anwenden und dabei etwas mit dem Muster spielen. Im Buch wurde beim Kleid »Highland Rose« der Webstoff für den Rock schräg zugeschnitten (siehe Seite 102). Diese Art von Zuschnitt ist aber nur bei körperfernen, also weiten Teilen empfehlenswert. Die Schräge im Bruch muss exakt 45 Grad betragen.

Zuschnitt

Hast du den Stoff wie beschrieben gelegt, kannst du den Schnitt darauf feststecken. Die meisten großen Schnittteile wie Vorderteil (VT) und Rückenteil (RT) sind nur halb auf dem Schnittmusterbogen abgedruckt und enden in der vorderen Mitte (VM) bzw. Rückenmitte (RM). Also legst du sie bündig mit der geraden Kante am Bruch an, steckst sie fest und schneidest sie doppellagig aus. Später klappst du sie auf wie einen Schmetterling und hast zwei wunderbar symmetrische Hälften. Bei der Positionierung beachte bitte den Fadenlauf! Stecke den Schnitt gut fest, dann kannst du entlang der Papierkante ausschneiden.

Markierungen und Knipse

Sind alle Schnittteile zugeschnitten, musst du noch die Knipse (siehe Bild) setzen. Verwende dazu eine Schere mit gut funktionierender Spitze, z.B. die Fadenschere. Achte darauf, dass du nicht zu tief knipst, es reicht die halbe Nahtzugabe. Knipse sind essenziell, um die Nähte sauber und an der richtigen Stelle zusammenzubringen. Besonders hilfreich sind Knipse, wenn du zwei unterschiedlich geformte Nahtverläufe miteinander vernähst, wie die gegenläufigen Kurven von Ärmel und Armloch. Auch erkennst du an den Knipsen, welcher Ärmel in welches Armloch gehört. Profis halten den Stoff einfach an den Knipsen zusammen und brauchen gar nicht mehr zu stecken.

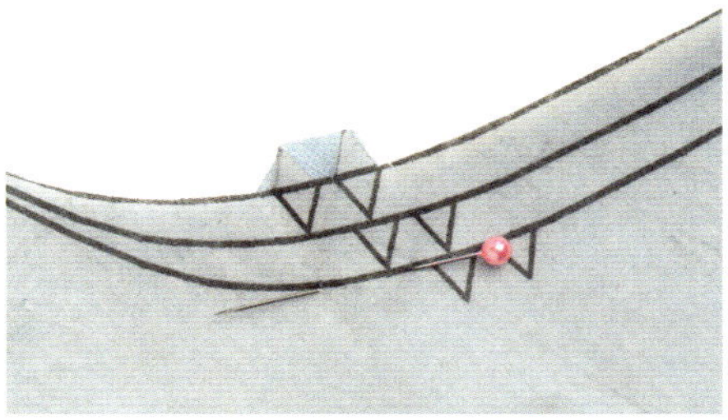

Markierungen machst du, um später die richtige Position für eine aufgesetzte Tasche oder eine Applikation gleich zu finden. Markierungen werden zumeist mitten im Teil benötigt und auf der rechten Stoffseite eingezeichnet. Solche Markierungen kannst du entweder mit Schneiderkreide, Markierungsstift oder Stecknadeln machen.

Bügeleinlagen

Bügeleinlagen schneidest du im Anschluss an den Oberstoffzuschnitt zu. Du benötigst sie, um bestimmten Details die notwendige Stabilität zu verleihen oder die Form zu wahren. Beispielsweise wäre die Herztasche aus Jersey (siehe Seite 74 und Seite 82) völlig formlos, würdest du sie nicht fixieren. Ein Kragen steht nicht ohne Einlage. An den Ecken von Eingriffstaschen schützt ein kleines Stück Einlage, von der linken Seite mitgenäht, den Stoff vor dem Ausreißen.
Du kannst wählen zwischen Vlieseinlagen, die sich für alle Stoffe eignen, und Webeinlagen, die du am besten für unelastische Materialien verwendest. Achte bei der Auswahl darauf, dass die Einlage etwas leichter ist als der Oberstoff, damit das Ganze nicht zu dick wird. Beim Zuschnitt von Webeinlagen achte wie bei Webstoffen auf den richtigen Fadenlauf. Vlieseinlagen haben keinen Fadenlauf, hier kannst du ausnahmsweise kreuz und quer zuschneiden. Spezielle Jerseyeinlagen benötigst du ausschließlich an Stellen, die elastisch bleiben sollen. Für die Modelle in diesem Buch brauchst du sie nicht.

Vlieseinlage

Webeinlage

Endlich geht's los: Nähen

Du sitzt nun hoffentlich an einem sauber aufgeräumten und gut beleuchteten Arbeitsplatz. In die Nähmaschine ist das passende Garn eingefädelt. Der Dampfbehälter des Bügeleisens ist aufgefüllt, das saubere Bügeleisen wartet auf den ersten Einsatz. Alles, was du brauchst, liegt bereit: Fadenschere, Nadelkissen, Kantenmagnet, Handmaß. Bravo, los geht's.

Die Jerseynaht

Die Nahtzugabe, die wir für Jersey verwenden, liegt bei 7 mm. Das reicht für eine Overlocknaht, selbst wenn du dabei noch 1–2 mm abschneidest. Um eine Jerseynaht zu schließen, gibt es im Grunde zweieinhalb Möglichkeiten:

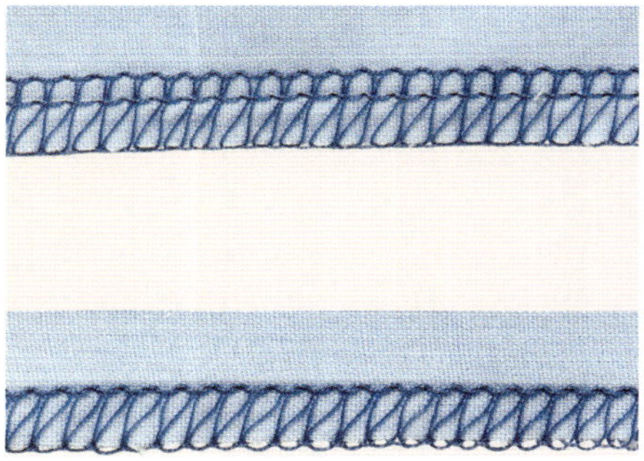

Overlocknaht
Die Overlockmaschine näht, versäubert und schneidet die Kanten während des Nähens ab. Zudem ist eine Overlocknaht elastisch und man kann sie in einem unheimlich guten Tempo nähen, was die Overlockmaschine eindeutig zur ersten Wahl für Jerseynähte macht. Um Nähte mit einer Overlocknaht zu schließen, braucht man offiziell vier Garnrollen (siehe oberes Bild). Nimmst du die rechte Nadel heraus, erhältst du eine dreifädige Overlocknaht (siehe unteres Bild), die meiner Meinung nach für den Hausgebrauch vollkommen als Schließnaht reicht.

Jerseynähte mit der Wertarbeit
Moderne Nähmaschinen wie die Wertarbeit fertigen neben Geradstich und Zickzackstich auch elastische Stiche, die für die Verarbeitung von Jersey entwickelt wurden. Sie können sogar Stiche der Overlock imitieren, die gleichzeitig nähen, versäubern und deren Ergebnis noch elastisch ist. Diese Alternative zur Overlock ist in meinen Augen eine sehr gute Option, wenn auch nicht die zeitsparendste.

Improvisierte Jerseynaht
Diese Naht ist eine Notlösung und deshalb auch nur als halbe Möglichkeit gerechnet. Bist du dir nicht sicher, ob Jersey dein Material ist und du dir eine passende Maschine zulegen solltest, oder kannst du dir keine Neuanschaffung leisten, probiere es wie folgt: Stelle deine Nähmaschine auf einen kleinen flachen Zickzackstich ein und nähe die Naht. Der kleine Zickzackstich bewirkt, dass die Naht etwas elastisch wird. Anschließend stellst du die Maschine auf einen großen, breiten Zickzackstich um und versäuberst die Kanten der Nahtzugabe zusammen. Der Nachteil hierbei: Für jede Naht braucht es zwei Arbeitsgänge. Das dauert und du musst dir gut die Einstellung merken, damit nicht jede Naht anders aussieht.

Jerseysaum mit der Zwillingsnadel

Mit der Zwillingsnadel kannst du einen elastischen Saum nähen, der von außen kaum von einer industriellen T-Shirt-Saumverarbeitung zu unterscheiden ist. Nur auf der Rückseite ist ein Unterschied erkennbar. Sowohl eine computergesteuerte moderne Maschine als auch Signore Borletti oder andere Uraltmodelle lassen sich einfach auf eine Zwillingsnadel umstellen. Entscheidend ist, den Unterfaden so weit zu lockern, dass er die beiden Oberfäden nicht zu einer Raupe zusammenzieht.

Nahtverarbeitung bei Webstoffen

Die Nahtzugaben der Webmodelle haben wir im Schnitt mit 1 cm Breite angelegt. Im Wesentlichen kannst du Modelle aus Webstoff gut mit Geradstich und Zickzackversäuberung verarbeiten. Soll die Naht später auseinandergebügelt werden, versäuberst du die Nahtzugaben vorab einzeln mit einem großen Zickzackstich oder einem Overlockstich und nähst sie anschließend nahtbreit im Steppstich zusammen. Noch einfacher ist es, die Naht zuerst mit Steppstich zu schließen und dann die Nahtzugaben zusammen zu versäubern.

Verriegelungen

Um das Aufgehen einer Maschinennaht zu verhindern, näht man zu Beginn und am Ende einige Stiche vorwärts, dann einige Stiche rückwärts, und setzt die Naht danach vorwärts fort (siehe linkes Bild). Tascheneingriffe von aufgesetzten Taschen sollte man mit einem Zickzackriegel oder Dreiecksriegel sichern (siehe rechtes Bild). Saumsteppungen, sei es ein Zwillingsnadelsaum oder ein Einschlag-Umschlag-Saum, sollten durch eine Überlappung von etwa 3–4 cm gesichert sein.

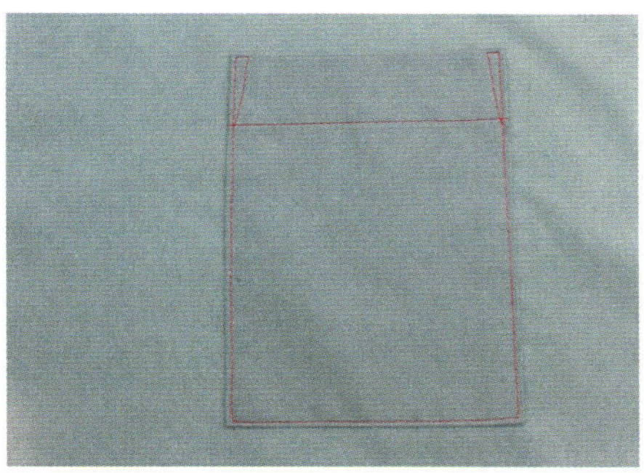

Auftrennen

Gräme dich nicht, wenn du auftrennen musst, das passiert jedem tapferen Schneiderlein hin und wieder. Es gibt Pfeiltrenner, mit denen das ganz gut funktioniert. Die Gefahr ist allerdings, dass du abrutschst und in den Stoff oder deine Haut stichst – autsch in beiden Fällen! Hier meine beiden liebsten Trennmethoden:

Webnähte kannst du auftrennen, indem du abwechselnd am Unter- und am Oberfaden reißt. Zupfe zuerst mit dem Fingernagel das Fadenende aus dem Stoff, bis du es greifen kannst. Ziehe entgegen der Nahtrichtung ruckartig daran, bis es bricht. Dann kratzt du von der anderen Seite und ziehst, bis es wieder bricht. So lockert sich die Naht und die Fadenenden, an denen du ziehst, werden immer länger und einfacher zu greifen.

Overlocknähte aufzutrennen scheint auf den ersten Blick ein ganz schön frustrierendes Unterfangen zu sein – puh. Es gibt jedoch eine einfache Lösung: Ziehe mit einem Pfeiltrenner den Nadelfaden ein Stück heraus und zupfe vorsichtig mit den Fingern daran. In eine Richtung geht es immer besser, versuche also, nur in diese Richtung zu ziehen. Der Faden lässt sich ganz einfach herausziehen und übrig bleiben die beiden Greiferfäden. Die kannst du direkt am Stück entfernen, und schon hast du es geschafft.

Eindehnen und Einhalten von Mehrweite

Beim Zusammensetzen zweier unterschiedlich langer Stoffkanten wird die Mehrweite so verteilt, dass sich der Stoff leicht wölbt, aber keine Kräuselungen entstehen. Gekonntes Eindehnen und Einhalten sind immer ein Gewinn für die Passform! In der klassischen Verarbeitung hält man vor allem die Mehrweite eines Ärmels ein, damit dieser gut fällt. Ich dehne gerne einen Rock oder Hosenbund aus Jersey ein oder Bündchen an Pulloverärmeln und Hosensäumen. Um dies sauber zu lösen, brauchst du viele Stecknadeln, verlässliche Knipse und ganz viel Fingerspitzengefühl (siehe unten). Ich dehne Weite vor allen Dingen deshalb ein, um mir Reißverschlüsse zu sparen und Bequemlichkeit zu gewährleisten. Besonders gerne schaffe ich durch die gemeinsame Verarbeitung von Jersey und Webstoffen ungeahnte neue Möglichkeiten.

Kräuseln oder Einreihen

Ist dir mal nach Rüschen oder möchtest du, wie beim Glockenrock-Modell (siehe Seite 112), einen Rock über eine kürzere Strecke kräuseln, gehe wie folgt vor: Stelle sicher, dass dein Nähgarn stabil genug ist, lockere die Oberfadenspannung ein wenig und stelle die Stichlänge auf »maximal« ein. Nähe zuerst füßchenbreit zur Kante, dann in 4mm Abstand zur ersten Naht jeweils einmal im Kreis. Verriegele dabei nicht und lass etwa 10 cm lange Fadenenden stehen (siehe Bild). Die eigentliche Naht liegt später zwischen den beiden Kräuselnähten. Sichere nun das eine Ende, indem du einen Knoten in die beiden Unterfäden machst. Ziehe dann vorsichtig gleichzeitig an den anderen beiden Unterfadenenden. Dabei schiebst du den Stoff in kleinen Falten auf die gewünschte Länge.

Halsausschnitt verarbeiten

Wir haben in diesem Buch mit drei verschiedenen Methoden Halsausschnitte verarbeitet: Du kannst den Ausschnitt einfassen (siehe Seite 62), eine Blende einsetzen (siehe Seite 58 und 102) oder den Halsausschnitt mit einem Formbeleg (siehe Seite 54, 68, 74 und 116) verstürzen. Die detaillierten Anleitungen findest du bei den einzelnen Modellen.

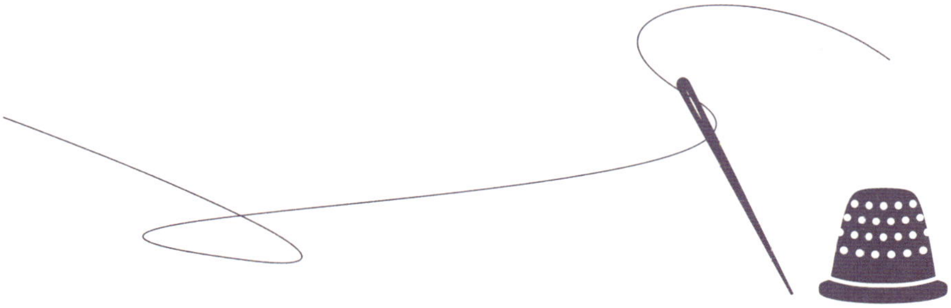

Verstürzen

Beim Verstürzen werden zwei formgleiche Schnittteile an der Kante zusammengenäht und danach gewendet. Bei unseren Modellen werden die Herztaschen (siehe Seite 74 und Seite 82), der Bubikragen (siehe Seite 126) und einige Halsausschnitte verstürzt. Dafür nähst du die Schnittteile zunächst rechts auf rechts zusammen (siehe linkes Bild). Die Nahtzugaben werden wie unten beschrieben beschnitten. Anschließend wird das Teil gewendet, wobei die Naht genau an der Kante liegt (siehe rechtes Bild).

Beschneiden von Verstürzkanten

Verstürzt du eine Form mit runden Kanten, musst du sie vor dem Wenden beschneiden, damit die Nähte innen schön flach liegen. Generell kannst du die Nahtzugabe auf 4–5 mm kürzen. Bei Außenrundungen wie bei der Herztasche (siehe Seite 74 und Seite 82), dem Peter-Pan-Kragen (siehe Seite 126) und dem Halsausschnitt beim Glockenherz-Dirndl (siehe Seite 68) schneide kleine Eckchen aus der Nahtzugabe, dies verkürzt die innere Nahtzugabe (siehe linkes Bild). Bei Innenrundungen wie bei den meisten Halsausschnitten in diesem Buch zwicke die Nahtzugabe ein (siehe rechtes Bild). So kann sie sich innen dehnen.

Wenn du Ecken verstürzt, musst du diese vor dem Wenden abschrägen, so findet die Nahtzugabe Platz. Innenecken zwickst du nur ein. Bei jeglichem Beschnitt achte darauf, dass du nicht näher als 2 mm an die Naht kommst, da diese sonst Gefahr läuft, auszufransen.

Naht knappkantig zurücksteppen

Nachdem du eine Verstürznaht beschnitten hast, kannst du die Nahtzugabe zurücksteppen. Das bedeutet, dass du alle Nahtzugaben in Richtung Beleg legst und sie neben der Naht knappkantig (in 1–2 mm Breite) in Richtung des Belegs steppst. So liegt die Naht später verborgen hinter der Ausschnittkante und zeichnet sich außen nicht ab.

Stecken

Das kunstvolle Stecken mit Stecknadeln gehört genauso zum Nähen wie das Steppen von Nähten. Die treuen Stecknadeln helfen dir, eine Naht mit zwei oder mehr Nahtzugaben an der Stelle zu fixieren, an der du sie zusammennähen möchtest. Du kannst die Stecknadeln entweder parallel zur Naht stecken (von mir »Längsnadeln« genannt, siehe oberes Bild), dann musst du sie während des Nähens nach und nach herausziehen, oder aber du steckst die Nadeln quer zur Naht (von mir »Quernadeln« genannt, siehe unteres Bild). Wenn die Spitzen nicht über die Kante herausragen, kannst du auf diese Art sogar Overlocknähte schließen, ohne die Nadeln währenddessen herausziehen zu müssen. Dies machst du dann einfach am Schluss.

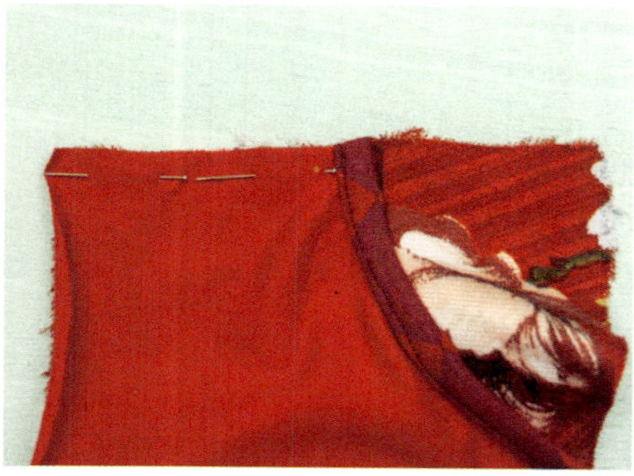

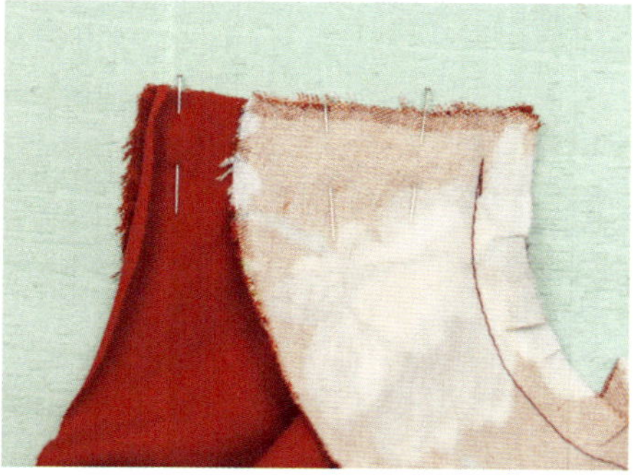

Handstiche

Bis heute werden in der Haute Couture die Nähte kostbarer Roben handgenäht. Details wie Applikationen, Knopflöcher, Perlen und Pailletten werden händisch auf das Teil gestickt. Fernab von all dem Glanz sind Handstiche ein gutes Mittel, um Nähte zu arbeiten, die mit der Maschine schwer erreichbar sind. Man unterscheidet grob zwischen funktionellen Nähten und Hilfsnähten, die nur temporär sind.

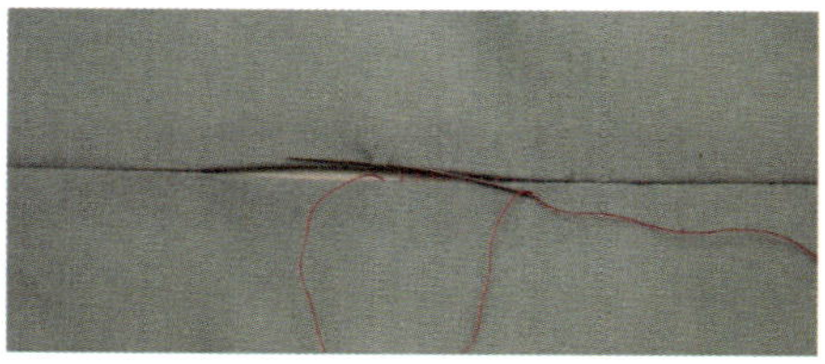

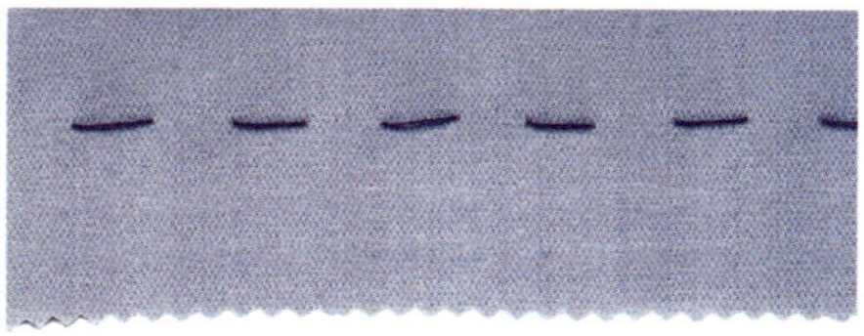

Leiterstich/Zaubernaht

Der Leiterstich ist ein Handstich, mit dem du Wendelöcher unsichtbar von außen »zuzaubern« kannst. Zum Einsatz kommt er in diesem Buch beim Hula-Hoop-Reifen (siehe Seite 136), beim Kapuzenpulli (siehe Seite 86) und bei der Fleecemütze (siehe Seite 40). Und so wird's gemacht: Definiere den Verlauf der Naht, bügele den Bruch im Nahtverlauf etwas fest. Verwende einen doppelten Faden, an dessen Ende ein Knoten sitzt. Verstecke den Knoten innen im Bruch, etwa 1 cm vor dem Ende der Nähmaschinennaht. Steche am Nahtende nach außen, dann auf derselben Höhe im gegenüberliegenden Bruch in die Kante, fahre mit der Nadel innen unsichtbar entlang des Bruchs und etwa 4 mm weiter wieder hinaus. Steche auf der gegenüberliegenden Bruchseite auf derselben Höhe wieder in den Bruch und fahre erneut innen entlang des Bruchs, bevor du 4 mm weiter wieder nach außen stichst usw. Bevor du den Faden stramm ziehst und damit die Brüche aneinanderstoßen lässt, entsteht optisch eine Art Leiter, daher der Name. Am Ende ziehst du den Faden stramm und schließt damit deine Naht unsichtbar. Vernähe dein Fadenende möglichst »unterirdisch« und schneide den Faden ab.

Heftstich

Eine Heftnaht hilft: Sie ist ein Überbleibsel aus dem Schneiderhandwerk, ein Hilfsmittel, das du bei der Verarbeitung hochwertiger Stoffe oder zur Fixierung schwieriger Nahtstellen gut einsetzen kannst. Du kannst z. B. die Absteppnaht eines verstürzten Halsausschnitts in einer bestimmten Breite vorheften, um ohne Kantenmagnet einen gleichmäßigen Nahtverlauf vorzugeben. Manche Schneiderlein heften Applikationen auch auf den Stoff, bevor es ans Steppen geht. Um Heftstiche zu machen, nimmst du einen hellen mürben Faden (es gibt spezielle Heftfäden) und stichst von Hand auf und ab, mit ca. 5 mm Stichlänge. Vernähe den Faden am Nahtende nicht. Wenn du die Heftnaht nicht mehr brauchst, ziehe sie am Knoten heraus. Diese Methode kannst du z. B. bei unserem Glockenherz-Dirndl (siehe Seite 68) oder dem Ringelshirt (siehe Seite 54) anwenden.

Bügeln ist das A und O

Wer es nicht in den Stichen hat, der muss es im Bügeleisen haben! So könnte das dem tapferen Schneiderlein entsprechende Sprichwort lauten. Ganz im Ernst: Du kannst noch so schön nähen, wenn du das Bügeleisen scheust, wird das Ergebnis nie so vollendet erscheinen, wie es tatsächlich ist. Also gib Dampf! Aber verbrenn dir nicht die Finger!

Fixieren mit Bügeleinlagen
Bügeleinlagen geben dem Stoff Stand und verhindern sein Ausleiern. Man kann Bügeleinlagen als eine Art Aufkleber betrachten, der mit Druck bei einer bestimmten Bügeltemperatur und -dauer auf die linke Stoffseite »aufgeklebt« (fixiert) wird. Dafür immer die Herstellerinformationen beachten. Je dünner eine Einlage ist, desto hitzesensibler reagiert sie. Auf dem Stoff liegt dabei die linke bzw. beschichtete Seite der Einlage. Diese erkennst du meist gut an der rauen Oberfläche und am Glanz. Vergewissere dich immer doppelt, dass du wirklich auf die linke Einlagenseite bügelst, denn sonst wird es unschön und zieht eine langwierige Bügeleisensäuberung nach sich.

Zwischenbügeln
Gewöhne dir an, zwischen den Nähvorgängen einen Bügelgang einzulegen, der sich der vorher genähten Naht widmet. Dämpfe die Nähte zusammen, dann in eine Richtung. Schulternähte z.B. lege immer in Richtung Vorderteil.

Ein Jerseyshirt nach der Fertigstellung bügeln
Am Ende des Nähvergnügens legst du dein Jerseyteil mit der rechten Seite außen aufs Bügelbrett. Dann beginnst du vorsichtig das Shirt platt zu dämpfen. Bügele dabei keinen Bruch in die Außenkante des Ärmels. Übe nicht zu viel Druck aus. Dämpfe noch einmal auf Halsausschnitt und Säume. Dann faltest du das Shirt schön zusammen und freust dich über ein sehr professionelles Ergebnis!

Dressieren
Dies ist ein wunderbar altmodischer Begriff aus der Maßschneiderei und beschreibt die Kunst des Formbügelns. Zweck des Dressierens ist es, mithilfe von Bügeleisen, Dampf, Körperkraft und Geschick den Stoff körper- und verarbeitungsgerecht zu formen.

Dressieren eines Necktapes
Für ein Necktape bringst du ein gerades Stück Jacquardband dazu, in der Form des Rückenhalslochs zu liegen. Dazu legst du das Band auf das Bügelbrett und dehnst mit Dampf und Kraft die Außenkante aus bzw. in Form und hältst die Innenkante ein. So liegt das Necktape später schön im Halsloch.

Abkürzungen

El = Einlage
Fu = Futterstoff
hÄP = hinterer Ärmeleinsetzpunkt
HM = Hintere Mitte
Ost = Oberstoff
RM = Rückenmitte
ShP = Schulterpunkt
Sn = Seitennaht
Stbr = Stoffbruch
RT = Rückenteil
vÄP = vorderer Ärmeleinsetzpunkt
VM = Vordere Mitte
VT = Vorderteil

Märchenhafte Maschenware

Geschmeidige Teile aus Jersey, Fleece und Sweat

Was du dafür brauchst

- Gemusterter Single-Jersey für das Haarband, 20 cm (bei 140 cm Stoffbreite)
- Single-Jersey für die Schlaufe, 10 × 10 cm
- Passendes Nähgarn
- Handwerkszeug

Divenhaarband aus Jersey

Ein geschmeidiges Haarband, das ganz nach Bedarf die Ohren warm oder den Haaransatz trocken, die Stirn frei oder die Mähne im Zaum hält. Fühle dich wie eine Diva, wenn du dieses Haarband mit Schlaufe nach oben trägst. Nähtechnisch ist das gute Stück keine große Herausforderung und aus diesem Grunde perfekt, um erste Schritte in der Welt des Jerseys zu unternehmen.

Zuschneiden

Für 54–58 cm Kopfumfang kopiere die 2 Schnittteile aus dem Schnittmusterbogen A und schneide sie aus. Für einen kleineren oder größeren Kopfumfang ändere die Länge entsprechend ab. Stecke das Schnittteil im Fadenlauf von links auf den gemusterten Stoff und schneide zu. Achte darauf, dass der Fadenlauf stimmt.

Nahtzugabe: 0,7 cm

Nähen

1 Lege den Stoff für das Haarband längs rechts auf rechts im Bruch kantenbündig aufeinander und stecke die Nahtzugabe an der langen Seite fest. Schließe die Kanten und bügele die Nahtzugabe anschließend mit Dampf erst zusammen, dann in eine Richtung. Du hast nun einen Schlauch.

2 Stülpe den Schlauch rechts auf rechts ineinander, bis die offenen Kanten bündig aufeinanderliegen. Achte darauf, dass der Schlauch nicht verdreht ist und die beiden Längsnähte genau aufeinandertreffen. Stecke die Kanten rundum mit Quernadeln fest.

3 Schließe die Naht bis auf eine 3 cm große Wendeöffnung. Ziehe das Teil durch die Öffnung.

4 Lege die Naht nach innen in die Mitte und bügele die Kanten fest. Stecke die Wendeöffnung zusammen und schließe sie mit ein paar unsichtbaren Handstichen. Eigentlich ist dein Haarband jetzt schon fertig. Für das Tüpfelchen auf dem i folgt noch die Schlaufe.

5 Lege das Schnittteil im Bruch kantenbündig rechts auf rechts, fixiere die Kanten mit Nadeln und schließe die Naht. Wende den entstandenen Schlauch auf rechts, sodass die Naht innen liegt, bügele das Teil platt und lege dabei die Naht auf die Mitte.

6 Arrangiere den Schlauch so um das Haarband, dass die Naht außen verläuft. Stecke und nähe die beiden Enden vierlagig und offenkantig zusammen. Vernähe die Fadenenden. Wende anschließend den entstandenen Ring, sodass die Naht nun innen liegt. Schiebe den kleinen Ring an die Stelle der Naht des großen Rings, so kannst du diese schön verdecken.

Elegante Wendehandschuhe

Handschuhe sind eine Wissenschaft für sich, so scheint es zumindest. Doch eines Tages nähte meine neunjährige Tochter in einem unbeobachteten Moment und völlig ohne Hilfestellung einen Handschuh aus Jersey; ich konnte es nicht glauben! Freilich, ein paar Löcher hatte er hier und da, aber im Grunde war es ein gut sitzender Handschuh – auf Anhieb! Ich schnappte mir ihre Idee und feilte sie aus. Was ist das für ein tolles Gefühl, an einem windigen Wintertag in sein Lieblingsmuster gehüllt zu sein – vom Hals bis an die Fingerspitzen! Durch die Kombination von zwei Stoffen entsteht ein schöner Wendeeffekt.

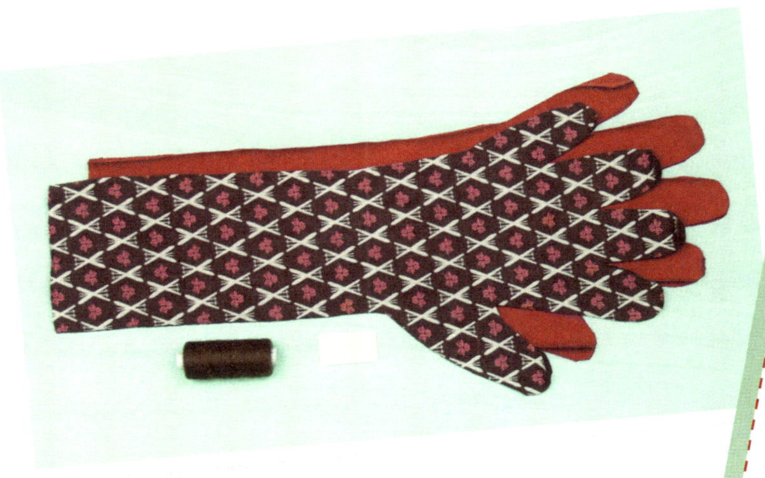

Was du dafür brauchst

- Gemusterter Single-Jersey, 45 cm (bei 140 cm Stoffbreite)
- Unifarbener Single-Jersey, 45 cm (bei 140 cm Stoffbreite)
- Evtl. Jacquardband für Flag Label, 3,5 cm lang
- Passendes Nähgarn
- Handwerkszeug

Elegante Wendehandschuhe

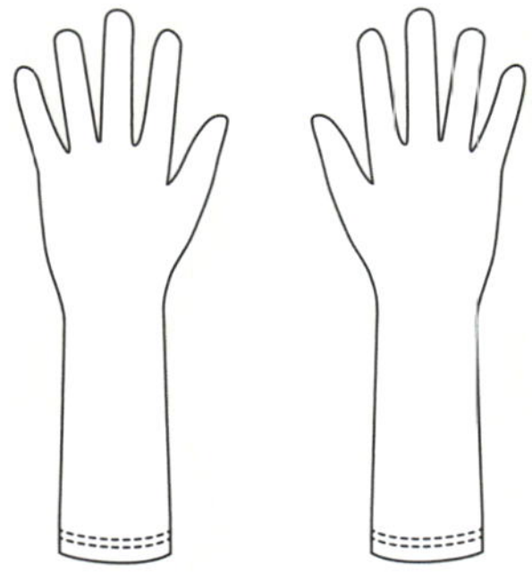

Zuschneiden

1 Zur Schnittgewinnung lege deine Hand auf ein Stück Papier. Kennzeichne die Mitte deines Unterarms mit einer Linie als Fadenlauf. Spreize deine Finger ab, so weit du kannst. Umzeichne deine Hand und deinen Unterarm mit einer Linie, halte jeweils etwa 3–5 mm Abstand.

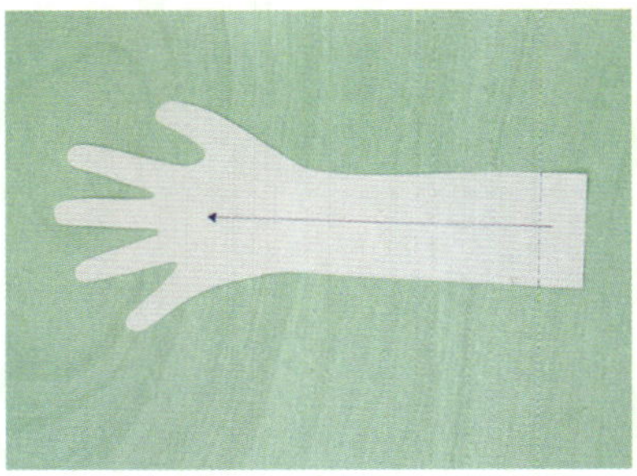

2 Zeichne den Handschuh 40 cm lang und ende am Saum mit einer Kante im rechten Winkel zum Fadenlauf. Zeichne den Schnitt nochmals sauber nach (um eventuelle Beulen zu begradigen). Schneide den Schnitt ohne Nahtzugabe aus, gib aber am Saum 2 cm als Saumzugabe dazu.

3 Lege die Stoffstücke vierlagig übereinander: zuerst ein unifarbenes und ein gemustertes rechts auf rechts, darüber (links auf links) ein gemustertes und zuletzt noch mal (rechts auf rechts) ein unifarbenes. Stecke die Lagen aufeinander fest, damit sie beim Zuschnitt nicht verrutschen. Stecke den Schnitt im Fadenlauf auf den Stoff, übertrage die Umrisse und schneide grob zu, d.h. im Abstand von 1–3 cm, ohne Details wie Fingerzwischenräume auszuschneiden.

Nähen

1 Was nun kommt, ist wirklich unkompliziert: Steppe mit einem sehr kleinen und relativ flachen Zickzackstich entlang der Umrisskante. Verriegele die Naht am Anfang und am Ende. Die Schwierigkeit besteht darin, schön gleichmäßig um die engen Kurven der Fingerkuppen zu navigieren. Mit kleinen Stichen kommst du besser um die Kurve, zudem brechen sie nicht so schnell. Stell dir vor, es sind Serpentinen: immer schön langsam. Wenn du möchtest, kannst du die Naht doppelt steppen, da sie starker Belastung ausgesetzt sein wird. Wenn du eine Eigenmarke aus deinem Handschuh machen möchtest, kannst du jetzt in einen der Handschuhe ein Flag Label mit einnähen (siehe Seite 141).

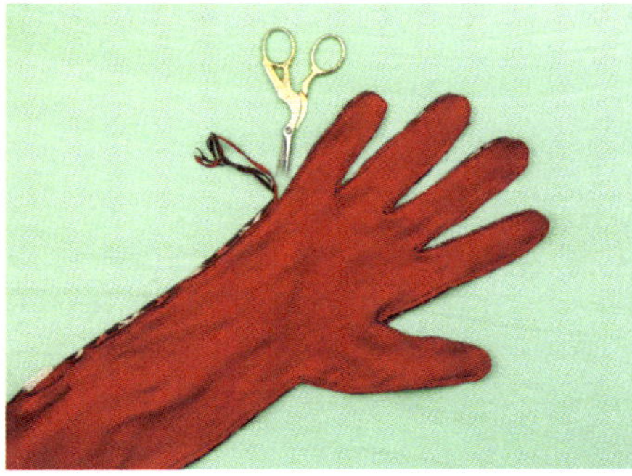

2 Nun folgt der eigentliche Zuschnitt: Beschneide die Nahtzugabe mit einem Abstand von ca. 3–4 mm parallel zur Naht. Sie muss hier so knapp sein, damit sie später innen gut liegt. Knipse sie vorsichtig zwischen den Fingern ein, allerdings nicht zu tief; ein Abstand von 2 mm zur Naht sollte gewahrt bleiben.

3 Nun kannst du die Handschuhe wenden und vorsichtig mit Dampf bügeln. Lege den Handschuh auf dem Bügelbrett in Form und zupfe mithilfe einer Stecknadel die Naht in die Kante. Bügele den Handschuh mit Dampf vorsichtig platt.

4 Bügele den Saum an der oberen Ärmelkante 2 cm breit um. Wende die Handschuhe auf links und stecke den Saum mit Quernadeln fest, sodass du darübersteppen kannst. Steppe den Saum von der rechten Stoffseite in einer Breite von 2 cm mit einer Zwillingsnadel fest. Drehe die Handschuhe wieder auf rechts und bügele final. Nun schlüpfe gleich mal rein – hands up, you've made it!

Was du dafür brauchst

- Gestreifter Fleecestoff, 50 cm (bei 150 cm Stoffbreite)
- Gemusterter Single-Jersey, 50 cm (bei 150 cm Stoffbreite)
- Passendes Nähgarn
- Handwerkszeug

Loopschal aus Jersey und Fleece

So ein kuscheliger Loopschal ist ein tolles Geschenk, denn er passt auf alle Fälle! Der Trick für einen wirklich warmen Loop ist volumenreiches Material, darum fiel meine Wahl auf eine Fleece-Jersey-Kombi. Besonders schön sieht das aus, wenn beim Twist um den Hals ein spannender Kontraststoff herausblitzt.

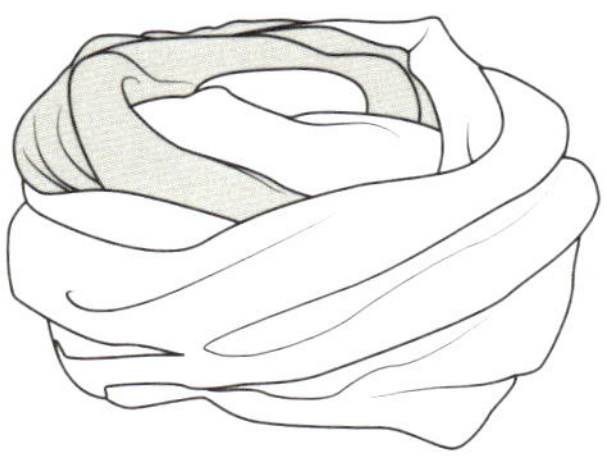

Zuschneiden

Die Maße unseres fertigen Loops betragen etwa 43 × 150 cm.

Bei einer Stoffbreite von 150 cm stecke die beiden Stoffe rechts auf rechts im Fadenlauf webkantenbündig aufeinander. Zeichne den Schnitt den Maßen entsprechend mit einer Nahtzugabe von 0,7 cm mit Schneiderkreide auf und schneide zu. Achte darauf, dass die Kanten bündig sind. Sind sie es nicht, korrigiere deinen Zuschnitt.

Bei einer Stoffbreite von 140 cm gehe genauso vor und achte beim Zuschnitt darauf, dass du die Löcher der Webkante abschneidest und diese nach dem Nähen nicht mehr sichtbar sind.

Nähen

1 Nach dem Zuschnitt liegt der Schal schon zum Nähen bereit. Stecke die beiden langen Seiten mit ein paar Stecknadeln aufeinander, sodass sie beim Nähen nicht verrutschen. Schließe beide langen Nähte mit einem feinen, flachen Zickzackstich. Du erhältst einen Schlauch.

2 Stülpe den Schlauch rechts auf rechts ineinander, bis die offenen Kanten bündig aufeinanderliegen. Fixiere diese ringförmigen Kanten nun mit Stecknadeln. Achte darauf, dass der Schlauch nicht verdreht ist und die beiden Längsnähte aufeinanderliegen. Schließe die ringförmige Naht mit einem feinen, flachen Zickzackstich bis auf eine 5 cm breite Wendeöffnung. Diese sollte im Teil aus Fleece zwischen den Längsnähten positioniert sein.

3 Nun kannst du den Loopschal wenden. Ziehe das Material vorsichtig durch die Öffnung.

4 Schließlich muss das kleine Loch noch zugenäht werden. Stecke dafür die umgefalteten Nahtzugaben im Verlauf der Naht aneinander und schließe die Lücke mit wenigen unsichtbaren Handstichen. Vergiss nicht, sauber zu vernähen. Bügele zum Abschluss den Schal an den Kanten glatt.

Kuschelige Wendemütze

Hier gibt's was auf die Ohren! Wer eine solche Wendemütze verschenkt, bereitet gleich doppelt Freude, denn man kann sie auf beiden Seiten tragen. Praktisch, warm und schnell genäht, das sind die großen Vorteile dieser bezaubernden Mütze, die Fleece und Jersey kombiniert. Ein unschlagbares Team sind auch Loop und Mütze aus derselben Stoffkombi, so kann man kreuz und quer immer neue und harmonische Tragevarianten schaffen.

Was du dafür brauchst

- Fleecestoff, 30 cm (bei 140 cm Stoffbreite)
- Single-Jersey für das Mützenfutter, 30 cm (bei 140 cm Stoffbreite)
- Evtl. Jacquardband für Flag Label, 3,5 cm lang
- Passendes Nähgarn
- Handwerkszeug

Kuschelige Wendemütze

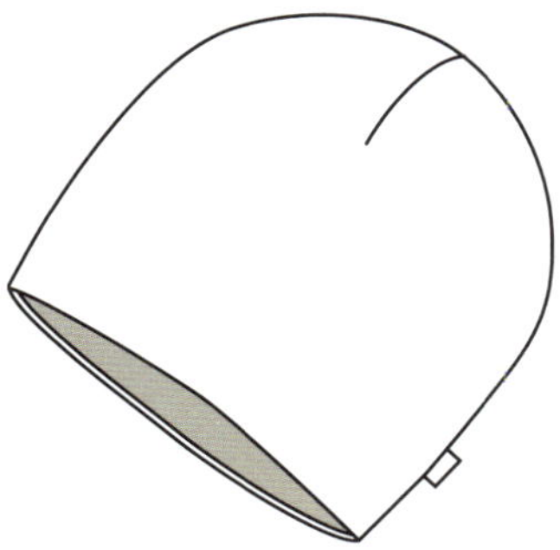

Zuschneiden

Kopiere den Schnitt aus dem Schnittmusterbogen A und schneide ihn aus. Lege Jersey- und Fleecestoff rechts auf rechts glatt aufeinander. Stecke den Schnitt fest. Schneide Mütze und Mützenfutter zu. Achte darauf, dass der Fadenlauf stimmt.

Nahtzugabe: 0,7 cm

Nähen

1 Du arbeitest bis zum Verstürzen der Saumnaht die innere Mütze und die äußere Mütze getrennt voneinander; die Arbeitsschritte bis dahin gelten für beide. Lege die Mütze rechts auf rechts in den Bruch, sodass alle Schnittkanten bündig aufeinanderliegen. Stecke die Kanten für die Naht am Hinterkopf fest und schließe die Naht. Wenn du eine Eigenmarke aus deiner Mütze machen möchtest, kannst du ein Flag Label mit einnähen (siehe Seite 141).

2 Als Nächstes nähst du den vorderen Abnäher. Beginne oben an der Schnittkante mit einem Riegel und lass die Naht zum Bruch hin auslaufen (generell ist es am besten, die Abnäher mit einem Steppstich zu nähen, so bekommst du die fein auslaufenden Spitzen und die Rundungen gut hin). Bügele die Naht und die Nahtzugaben des Abnähers auseinander und das Abnäherende auf den Kopf.

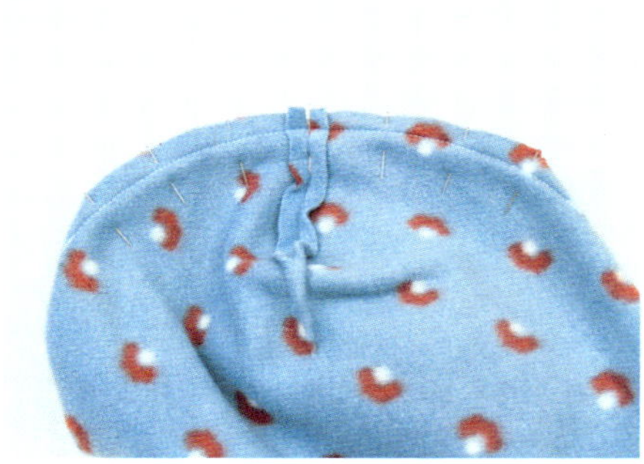

3 Stecke dann die Querabnäher kantenbündig aufeinander und fixiere besonders die sich kreuzenden Nähte exakt mit einer Nadel aufeinander. Schließe die Strecke durchgängig mit einem Steppstich, beginne am einen Abnäherende direkt am Bruch, verbreitere bis zur bereits gesteppten Naht auf die volle Nahtbreite und lass die Naht zum anderen Abnäherende hin wieder gen Bruch auslaufen. Bügele die Naht mit Dampf auseinander und die Abnäherenden wieder auf den Kopf.

4 Die Mütze ist schon fast fertig, sie muss nur noch verstürzt werden. Schiebe die beiden Mützenteile rechts auf rechts ineinander. Stecke sie kantenbündig und achte darauf, dass gleiche Nähte aufeinandertreffen. Nun schließt du die Naht, gerne auch mit Overlock, bis auf eine Wendeöffnung von 5 cm. Ziehe die Mütze durch die Wendeöffnung und bügele die Unterkante flach. Dehne sie nicht, sondern halte sie beim Dämpfen eher ein.

5 Nun musst du nur noch die Wendeöffnung schließen. Stecke die Wendelochkanten aufeinander und schließe die Naht mit ein paar unsichtbaren Handstichen (siehe Seite 28). Arbeite kleine Stiche, dann bleibt die Naht schön elastisch. Voilà, fertig ist die Mütze – deine Belohnung ist ein Satz warme Ohren!

Tipp

Möchtest du auf den Wendeeffekt verzichten, kannst du die Mütze auch am Saum im Bruch zuschneiden. So sparst du dir die Verstürznaht am Saum. Vergiss nur nicht, in diesem Fall eine kleine Lücke zum Verstürzen in der hinteren Naht zu lassen.

Schnitte modifizieren
Was tun, wenn's nicht passt?

Deine eigene Passform
Du möchtest dir deine Lieblingsstücke zukünftig auf den Leib schneidern? Damit das Ergebnis gut sitzt, ist etwas Vorarbeit in Sachen Passform essenziell. Hier findest du eine Anleitung, wie du mit nur wenigen Schritten den vorhandenen Oberteilgrundschnitt nach deinen Vorstellungen verändern kannst. Der Aufwand wird belohnt: Hast du deine Wunschpassform einmal im Grundschnitt definiert, profitieren davon auch die darauf basierenden Folgemodelle.

Größen
Auf den Schnittmusterbogen sind alle Kleidungsstücke in zwei Mischgrößen angelegt: S/M und L/XL. Anhand der Maßtabelle auf Seite 19 kannst du herausfinden, ob du im unteren oder oberen Maßbereich liegst und ob das Modell bei dir demnach locker oder knackig sitzt. Im besten Fall passt dir eine der vorhandenen Größen. Um ganz sicher zu sein, gönne dir vorab ein Probemodell.

Probemodell
Um die Passform eines Schnittes zu testen, ohne zu riskieren, dass der richtige Stoff verschwendet wird, nähe dir in einem ähnlich elastischen Ersatzstoff dein Wunschmodell einmal vor. Möchtest du nach und nach mehrere Schnitte des Baukastens (siehe Seite 19) nähen, empfehle ich als Probemodell das Longsleeve von Seite 62, da das am meisten Modifikationsfläche bietet.
Am Probemodell kannst du einschätzen, wo es kneift und wo du mehr Luft und mehr oder weniger Länge brauchst. Ist das Probeteil zu weit, stecke die überschüssige Weite mit Stecknadeln ab. Ist das Shirt zu eng, schneide es an der entsprechenden Stelle auf und stecke Stoff unter. Übertrage diese Passformmodifikationen im nächsten Schritt wie in unserer Anleitung beschrieben auf deinen Schnitt.

Möglichkeiten der Schnittmodifikation
Möchtest du Schnitte über die im Schnittmusterbogen vorhandenen Größen hinaus proportional vergrößern oder verkleinern, ist die kleine Gradiersprungtabelle eine gute Richtlinie:

Brust, Taille, Hüfte: rundherum +/- 4 cm
Armlochlänge: rundherum +/- 0,5 cm
Oberteillänge: rundherum +/- 0,5 cm
Ärmellänge: rundherum +/- 1 cm

Kneife den vorgegebenen Betrag heraus oder spalte ihn ein – so veränderst du den Schnitt um eine Größe nach oben oder unten. Natürlich ist so ein Gradiervorgang in der Profi-Modewelt deutlich komplexer, die hier vorgeschlagene Technik ist vergleichsweise primitiv, funktioniert dafür aber ohne technisches Gerät oder umfassendes Fachwissen sehr gut. Eine Alternative dazu ist die individuelle Schnittmodifikation, mit der du z.B. extreme Längenmaße oder Verkürzungen, Unterarmspeck oder Wohlfühlpfunde im Schnitt berücksichtigen kannst. In diesem Fall kneife an den entsprechenden Stellen mehr Weite heraus oder gib mehr Weite hinzu, ganz wie du es brauchst.

Modifikationslinien
(siehe Abbildung 1)
Durch Einzeichnen, Aufschneiden und Aufspalten bzw. Überlappen des Schnittes an den Modifikationslinien regelst du die gleichmäßige Zugabe oder Abnahme von Weite am VT, RT und Ärmel. Die Modifikationslinien verlaufen vertikal parallel zu Fadenlauf/VM und horizontal im rechten Winkel zu Fadenlauf/VM.

Modifikationsablauf
Zeichne die Modifikationslinien ein. Lege dir einen großen Bogen Papier bereit, auf dem alle Schnittteile nebeneinander Platz finden. Zeichne dir eine horizontale Linie als Orientierungshilfe auf Taillenknipshöhe ein und ganz links im rechten Winkel dazu deinen Fadenlauf. Daran legst du gleich dein erstes Teil an. Zerschneide grundsätzlich als Erstes die horizontalen Linien und dann Stück für Stück die vertikalen. Die Einspaltwerte/Wegkneifwerte pro Einschnitt liegen bei dieser Technik immer bei 0,5 cm.

Vergrößerung am Beispiel des VT
(siehe Abbildung 2)
Zerteile die Schnittteile entlang der horizontalen Linie (1). Lege Teil A unten links an der VM an, Taillenknips liegt auf Taillenlinie. Übertrage nun die obere Schnittkante aufs Papier, ziehe dann parallel nach oben eine weitere Linie in 0,5 cm Abstand, verlängere sie nach rechts. Zerteile nun den Schnitt entlang der vertikalen Linie 2 an beiden Teilen. Klebe Teil A und Teil B auf dein Blatt,

ausgehend von der VM und mit der gezeichneten Lücke dazwischen. Übertrage die rechte Schnittkante aufs Papier, ziehe parallel dazu eine weitere Linie in 0,5 cm Abstand. Klebe Teil D auf dein Blatt, lege es an den gezeichneten Linien an. Zerteile das verbleibende Schnittteil entlang der vertikalen Linie 3 und klebe Teil C auf dein Papier entlang der Linie. Zeichne die rechte Kante von Teil C aufs Papier und parallel dazu um 0,5 cm nach rechts versetzt eine vertikale Linie. Klebe auch Teil E auf dem Papier fest. Zeichne noch die um 0,5 cm parallel zum Saum versetzte Linie an. Verlängere die Seitennaht entsprechend, um die Schnittkontur zu schließen. Bei einer solchen Modifikation entsteht meistens ein Versatz in der Schnittkontur. Überzeichne diesen wie in unserem Beispiel skizziert. Verfahre nach dem gleichen Schema mit RT und Ärmel. Wenn du vertikale Hilfslinien brauchst, zeichne diese im rechten Winkel zu deiner Taillenlinie ein.

Schnittverkleinerung

(siehe Abbildung 3)

Um einen Schnitt zu verkleinern, zeichne ebenfalls die Modifikationslinien ein. Zerteile die horizontalen Linien und zeichne auf einem der Teile parallel zur Schnittkante eine um 0,5 cm ins Teil versetzte Linie ein. Anstoßend an diese Linie klebst du das eben abgeschnittene Teil auf dem weggezeichneten Streifen fest. Die überlappenden Flächen sind im Schema als Schraffur dargestellt. Saumlängen kürzt du, indem du die überschüssige Länge parallel zur Saumkante wegzeichnest und abschneidest. Auch hierbei entstehen Versätze, die im Nachgang ausgeglichen werden müssen.

Kontrolle

Egal ob Verkleinerung oder Vergrößerung, kontrolliere zum Schluss alle aufeinandertreffenden Nahtverläufe auf ihre Übereinstimmung und korrigiere, wo nötig, den Verlauf oder passe Knipse einander an.

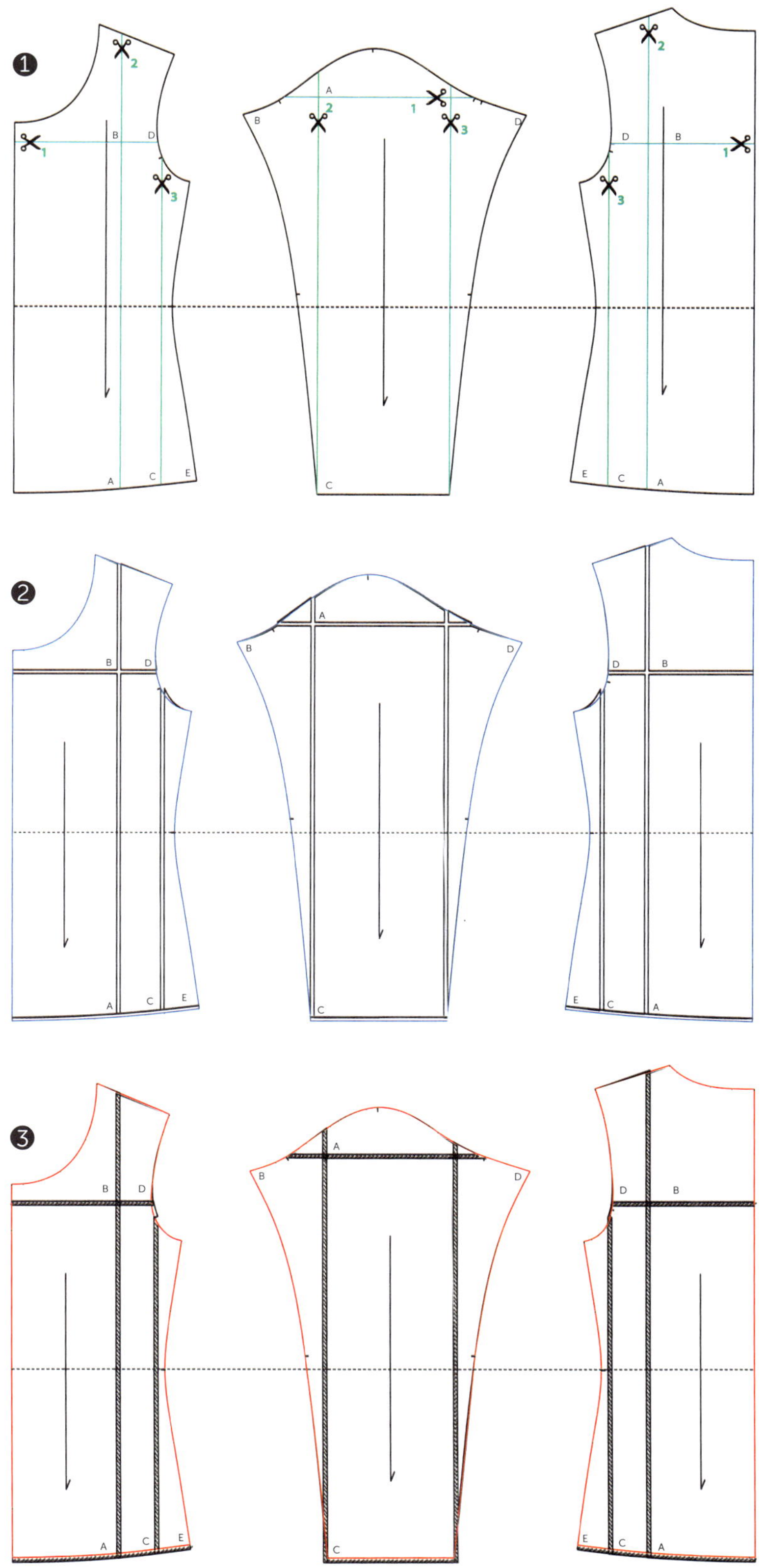

High-Waist-Leggings

Ich kann mir ein Leben ohne Leggings kaum mehr vorstellen. Sie sind wohl eines der beliebtesten Beinkleider unserer Zeit, als Strumpfhosenersatz darunter oder den Kurven huldigend als Hose. Mit nur zwei Schnittteilen ist sie obendrein sehr unkompliziert herzustellen. Damit dein Hüftgold sich gar nicht erst entscheiden muss, ob es sich oberhalb oder unterhalb des Gummis am wohlsten fühlt, sitzt der angesetzte Bund schön in der Taille, in unserem Fall als farbiges Highlight.

Was du dafür brauchst

- Blauer Single-Jersey für die Beine, 110 cm (bei 140 cm Stoffbreite)
- Roter Single-Jersey für den Bund, 15 cm (bei 140 cm Stoffbreite)
- Gummiband, 3 cm breit (Länge: Taillenumfang plus Nahtzugabe)
- Passendes Nähgarn
- Sicherheitsnadel
- Handwerkszeug

Tipp

Weniger taillenfreudige Näherinnen können den Bund weglassen und stattdessen einen Gummi einnähen, so verliert die Schritthöhe schnell an 6 cm Höhe. Wenn das kein Grund zur Hochstimmung ist! Achtung: Der Gummi muss dann entsprechend weiter sein, siehe Schritt 9 und 10.

High-Waist-Leggings

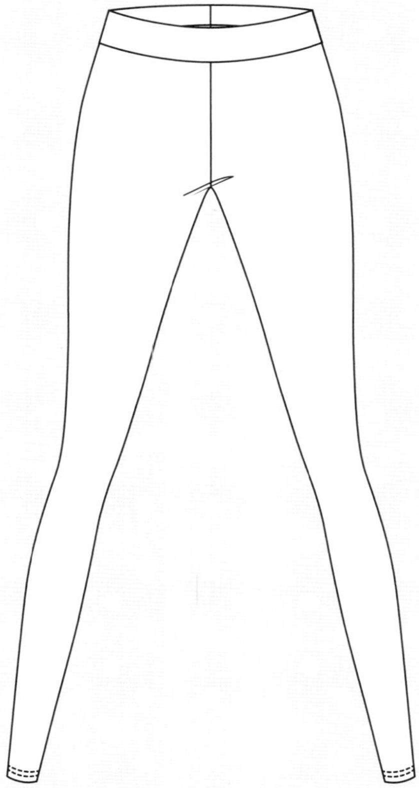

Zuschneiden

Kopiere dir die 2 Schnittteile aus den Schnittmusterbogen D und E auf Papier und schneide sie aus.
Lege den Stoff für die Beine rechts auf rechts in den Bruch und stecke den Beinschnitt fest. Schneide die Beine doppellagig zu.
Der Bund wird einlagig zugeschnitten. Stecke den Schnitt von links auf den zweiten Stoff. Schneide zu. Achte überall darauf, dass der Fadenlauf stimmt.

Nahtzugabe: 0,7 cm, Saum 1,5 cm

Nähen

1 Die Hose liegt nach dem Zuschnitt schon richtig: Stecke die vordere und hintere Schrittnaht mit ein paar Quernadeln fest und nähe beide Nähte mit der Overlock. Bügele sie zusammen, dann zu einer Seite.

2 Bügele vorab die Säume in vorgegebener Breite von 1,5 cm um und lass sie gut auskühlen.

3 Stecke die inneren Beinnähte von der Schrittnaht aus unter Berücksichtigung der Knipse (siehe Seite 23) in beide Richtungen. Lege die Nahtzugaben der Schrittnähte in entgegengesetzte Richtungen und fixiere diese mit Nadeln. Dann kannst du die inneren Beinnähte in einem Rutsch durchnähen. Bügele die Nähte kurz zusammen, anschließend in eine Richtung.

4 Die Hose ist noch auf links gedreht. Stecke die vorgebügelten Säume von der rechten Stoffseite mit Längsnadeln. Die Längsnadeln müssen unbedingt den Saum hinten mitfassen. Nähe dann mithilfe eines Kantenmagnets den Zwillingsnadelsaum in vorgegebener Nahtbreite von 0,7 cm rundum fest. Verriegele Anfang und Ende um ein paar Zentimeter.

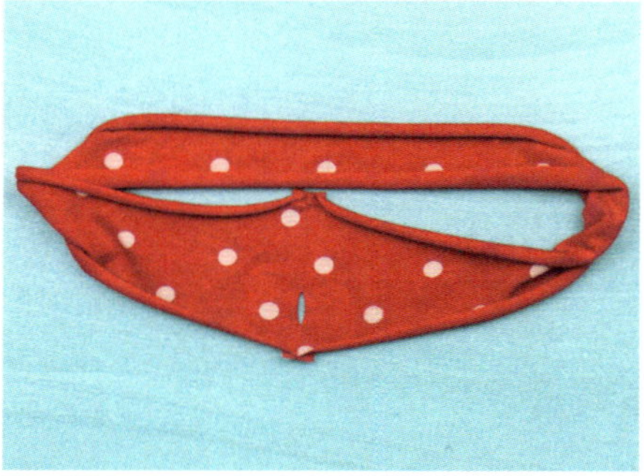

5 Jetzt ist der Bund dran (wenn du kein Bund-Fan bist, springe gleich weiter zu Schritt 9). Bügele den Streifen für den Bund längs auf die Hälfte und stecke die kurzen Kanten bündig rechts auf rechts. Schließe die hintere Bundnaht mit einem Steppstich. Lass nach Überschreiten des Bruchs eine kleine Lücke (zum späteren Durchfädeln des Gummis), verriegele das Nahtende. Nähe dann die letzten 1,5 cm der Naht wieder, verriegele an allen Nahtanfängen und Enden. Bügele die Naht auseinander und den Bund von rechts wieder im vorgebügelten Bruch.

6 Nun stecke den Bund kopfüber rechts auf rechts in die auf links gedrehte Hose. Die Nahtzugaben liegen kantenbündig. Die Lücke für das Gummiband ist so sichtbar, liegt also später innen. Schließe nun die Bundnaht rundum mit einer Overlocknaht. Verriegele Nahtanfang und -ende ausreichend. Bügele die dreilagige Naht mit Dampf zusammen und dann nach unten, also in die Hose.

7 Befestige die Sicherheitsnadel an einem der Gummienden und ziehe damit den Gummi durch die Lücke. Fixiere das Ende des Gummis in der Nähe der Lücke mit einer Stecknadel, damit es nicht in den Tunnel rutscht, denn der Gummi ist kürzer als der Tunnel.

8 Wenn die Sicherheitsnadel mit dem Gummi auf der anderen Seite wieder herauskommt, lass die Gummienden 2 cm überlappen, stecke sie mit zwei Nadeln fest und prüfe, ob der Gummi im Inneren des Tunnels nicht verdreht ist. Steppe die Enden mit einer Zickzacknaht fest. Vergiss nicht, am Ende die Lücke in der Bundnaht mit ein paar Handstichen zu schließen.

9 Wenn du dich für eine Leggings ohne Bund entschieden hast, arbeite wie folgt weiter: Der Gummi der Leggings sitzt später ca. 3 cm unterhalb deines Bauchnabels. Um die richtige Weite zu erhalten, lege den Gummi an dieser Stelle so eng, wie du ihn tragen möchtest, um und schneide ihn mit 2 cm Nahtzugabe zu. Schließe dein Gummiband in der gewünschten Bundweite. Teile den Gummi auf in vier etwa gleichlange Teile und markiere diese mit je einer Nadel. Stecke den Gummi mit den markierten Viertelpunkten auf RM und VM und die Seitennähte. Der Gummi ist etwas enger als die Weite des Stoffes, du musst ihn also beim Einstecken dehnen (siehe Seite 26). Stecke ruhig ein paar Quernadeln. Dann nähst du Gummi und Hosenkante mit der Overlock rundum zusammen. Achte darauf, dass du nicht mit dem Overlockmesser den Gummi beschädigst. Wenn du kannst, klappe für diese Naht das Messer weg. Dann faltest du den Gummi nach unten und steckst ihn von der rechten Seite mit Längsnadeln in die spätere Nahtlinie.

10 Der Gummi liegt nun stramm in der Kante, die Weite verteilst du gleichmäßig, dehne den Gummi wieder beim Stecken. Verwende zum Nähen der Zwillingsnaht eine dicke Zwillingsnadel in 80er- bis 100er-Stärke und wähle eine große Stichlänge. Nun nähst du die Zwillingsnaht, die auch die Kante des Gummis mitfassen muss, von der rechten Seite mithilfe eines Kantenmagnets. Dehne dabei den Gummi vorsichtig, sodass der Stoff unter deinem Steppfuß glatt liegt und sich keine Falten bilden. Überlappe Nahtanfang und -ende um ein paar Zentimeter.

High-Waist-Panty

Zugegeben, bei der Betrachtung von Tante Ernas fleischfarbenem Hüftschlüpfer auf der Wäscheleine schien es dir damals vielleicht wenig erstrebenswert, je selbst ein solches Höschenformat zu tragen. Im rechten Shape jedoch und in einer charmanten Stoffkombination wird das High-Waist-Panty zu einem »Oh là là«-Teil, dem man gerne einen Platz in seinem Herzen und an seinen Hüften einräumt. Stilistisch ist je nach Stoffwahl eigentlich alles drin, von Pin-up bis Boudoir Chic. Sogar ganz sportlich zum Rollerderby bekommt das Höschen, das hinaus will, seinen Auftritt.

Was du dafür brauchst

- Single-Jersey für Vorder- und Hinterhose, 40 cm (bei 140 cm Stoffbreite)
- Kontrastfarbener Single-Jersey für Blenden und den Bund, 15 cm (bei 140 cm Stoffbreite)
- Rest schwarzer Jersey- oder Baumwollstoff für das Schrittfutter
- Evtl. Jacquardband für Flag Label, 3,5 cm lang
- Passendes Nähgarn
- Handwerkszeug

High-Waist-Panty

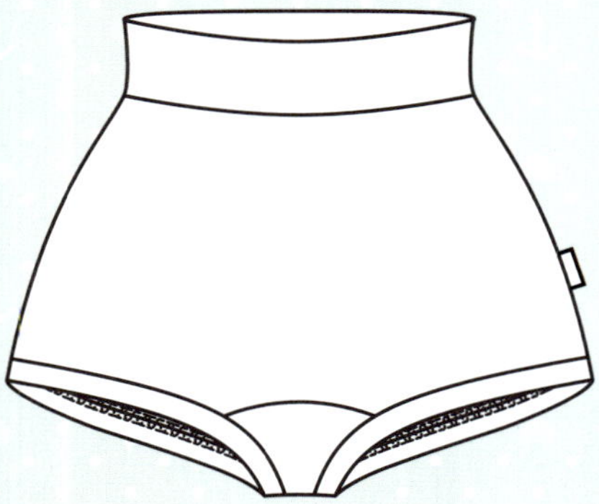

Zuschneiden

Kopiere dir die 5 Schnittteile aus dem Schnittmusterbogen A auf Papier und schneide sie aus.
Lege den Hauptstoff rechts auf rechts in den Doppelbruch (siehe Seite 22) und stecke die Schnittteile fest. Nun kannst du Vorder- und Hinterhose jeweils im Bruch zuschneiden.
Das Schrittteil, den Schrittbeleg und die Blenden schneidest du einlagig zu.
Achte überall darauf, dass der Fadenlauf stimmt.

Nahtzugabe: 0,7 cm

Nähen

1 Stürze die vordere Schrittnaht zwischen die beiden Schrittbelege. Hierzu musst du das äußere Schrittteil rechts auf rechts an die Schrittnaht der Vorderhose stecken. Den Schrittbeleg von innen rechts auf links gegenstecken. Schließe die Naht in der vorgegebenen Nahtbreite. Da die Naht rund ist, brauchst du sicher ein paar mehr Stecknadeln.

2 Arbeite die hintere Schrittnaht nach dem gleichen Prinzip, das ist etwas knifflig, da du die Naht dazu durch die Lücke drehen musst.

3 Lege nun die Seitennähte rechts auf rechts aufeinander und befestige sie mit so vielen Nadeln wie nötig. Schließe dann zuerst die Seitennähte. Wenn du eine Eigenmarke aus deinem Modell machen möchtest, kannst du ein Flag Label mit einnähen (siehe Seite 141).

4 Nun musst du die Nähte der Blenden schließen. Lege sie dazu an den kurzen Kanten rechts auf rechts aneinander und schließe die Nähte mit einem feinen Zickzackstich. Bügele die Nähte auseinander und bügele die Blenden dann von rechts längs auf die Hälfte. Dadurch entsteht ein Bruch.

5 Jetzt kommt der knifflige Teil der Geschichte. Viertele deine Blenden, indem du sie faltest und wieder faltest. Markiere dir die Punkte. Stecke nun die Bundblende zuerst an der VM und HM fest, danach an den Seitennähten. Die Naht der Blende muss dabei auf der Seitennaht des Höschens landen. Achtung: Die Blenden sind kürzer als die Naht, das bedeutet, du musst sie gedehnt annähen (siehe Seite 26). Hierzu dehnst du die Blende schon, während du sie an die restliche Naht steckst.

6 Ähnlich verfährst du mit den Beinblenden. Stecke diese zuerst an der Seitennaht fest, auch hier kommt Naht auf Naht. Wenn die Blenden ausreichend festgesteckt sind, beginnst du, diese einzunähen. Es braucht beim ersten Mal etwas Fingerspitzengefühl, die drei aufeinanderliegenden Kanten zusammen und gleichzeitig die ganze Naht gedehnt zu halten, damit unter dem Steppfuß alles glatt durchläuft. Nähe alle drei Blenden ein und verriegele, indem du, wenn du am Nahtanfang ankommst, wieder einige Zentimeter ineinander steppst.

7 Super, du hast es fast geschafft: Nun musst du dein neues Lieblingsstück nur noch bügeln. Durch die elastischen Nähte hat sich das Material sicher ausgedehnt. Drehe das Höschen auf rechts, lege es in Form, dämpfe vorsichtig die welligen Stellen so glatt wie möglich. Ziehe keinesfalls die welligen Nähte gerade, sondern bügele die Mehrweite ein. Die Nahtzugaben der Saumblenden bügele ins Höschen.

Ringelshirt mit U-Boot-Ausschnitt

Dieses T-Shirt ist ein textiler Restetopf voller Gefühl und Ironie: Dank U-Boot-Ausschnitt und Ringeln hörst du beinah das Meer rauschen, dazu die Anmutung einer portugiesischen Hafenromanze mit folkloristischem Design auf den Ärmeln und ein herber Glencheck am rechten Fleck – ein Bruch folgt auf den nächsten und fordert dich auf zur Jagd nach der richtigen Kombination, Stoff ahoi!

Was du dafür brauchst

- Ringel-Jersey für VT, RT und Belege, 70 cm (bei 140 cm Stoffbreite)
- Blümchendruck-Jersey für die Ärmel, 20 cm (bei 140 cm Stoffbreite)
- Glencheck-Jersey für die Brusttasche, 20 × 20 cm
- Rest dünne Bügeleinlage für die Belege
- Evtl. Jacquardband für Flag Label, 3,5 cm lang
- Passendes Nähgarn
- Handwerkszeug

Tipp

Achte darauf, dass das Gewicht und die Materialzusammensetzung der Stoffe ähnlich ist. Du kannst das Shirt auch aus Baumwolle oder Viskose nähen. Möchtest du das ganze Modell aus nur einem Material schneidern, brauchst du knapp 100 × 140 cm Stoff.

Ringelshirt mit U-Boot-Ausschnitt

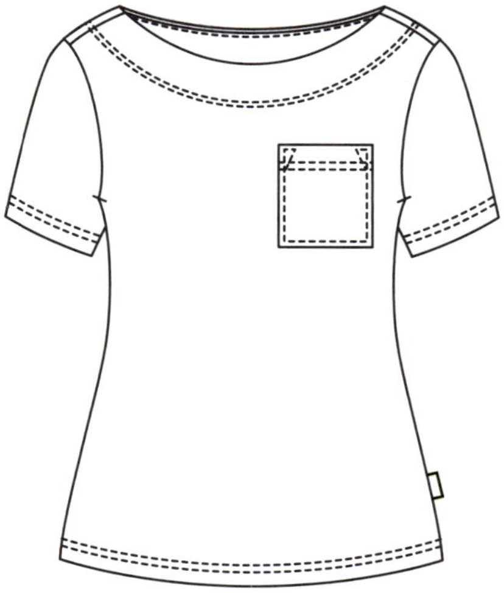

Zuschneiden

Kopiere dir die 6 Schnittteile aus dem Schnittmusterbogen F auf Papier und schneide sie aus.

Lege den Ringelstoff in den Doppelbruch (siehe Seite 22) rechts auf rechts und stecke VT, RT und beide Belege im Bruch fest. Achte beim Zuschnitt der Shirt-Teile darauf, dass die Ringel an den Seitennähten sauber aufeinandertreffen; fixiere sie eventuell mit ein paar Quernadeln.

Schneide die Belege für VT und RT zu und auch gleich die Bügeleinlage für die Belege.

Markiere die Stelle, auf der später die Brusttasche sitzt, von rechts auf dem VT.

Lege den Ärmelstoff rechts auf rechts, stecke den Ärmelschnitt auf den Stoff und schneide die Ärmel doppellagig zu. Zuletzt schneidest du die Brusttasche aus. Achte überall darauf, dass der Fadenlauf stimmt.

Nahtzugabe: 0,7 cm, Saum 1,5 cm

Nähen

1 Bügele Nahtzugabe und Säume der Brusttasche um. Stecke den oberen Saum von rechts und nähe ihn dann mit einer Zwillingsnadel in vorgegebener Breite.

2 Stecke die Tasche auf die markierte Position und nähe sie knappkantig auf. An den beiden Eingriffen nähe Dreiecksriegel (siehe Seite 25), um den Eingriff zu sichern.

3 Bebügele die Halsbelegteile von der linken Seite mit den Einlageteilen. Schließe beide Schulternähte des Halsbelegs mit einer Steppnaht in vorgegebener Nahtbreite und bügele sie auseinander.

4 Lege das VT und RT an den Schulternähten rechts auf rechts kantenbündig aufeinander und stecke sie fest. Schließe die Schulternähte und bügele sie erst zusammen und dann nach vorn.

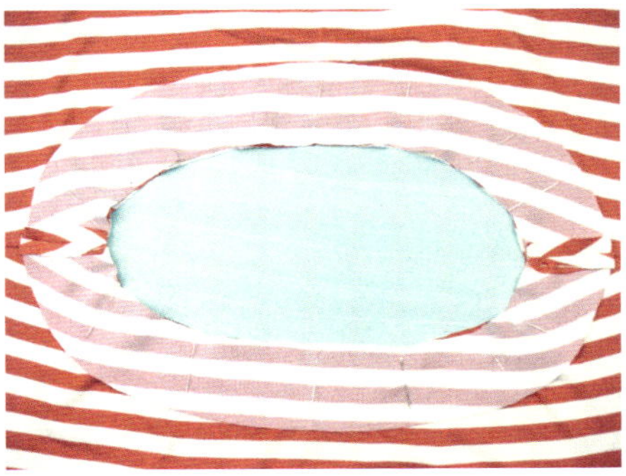

5 Lege den Beleg von außen rechts auf rechts bündig an die Halsausschnittkante. Stecke mit Quernadeln zuerst die Schulternähte sowie VM und RM fest und dann den restlichen Beleg rundum. Steppe den Beleg rundum fest und verriegele den Anfang und das Ende der Naht 2 cm.

6 Beschneide die Naht und steppe sie knappkantig zurück (siehe Seite 27). Lege den Beleg in den Ausschnitt und bügele die Kante vorsichtig fest, sodass die Naht leicht zurückliegt, also nicht nach vorn kommt. Stecke den Beleg von rechts fest, wende das Teil, sodass der Beleg außen liegt, und steppe ihn rundum mit einer Zwillingsnadel von der Außenseite des Shirts in gleichbleibendem Abstand zur Kante fest. Nimm, wenn nötig, einen Kantenmagnet zu Hilfe und achte darauf, dass nirgends eine Falte entsteht. Dämpfe den Halsausschnitt anschließend vorsichtig von rechts.

7 Stecke nun die Ärmel ein, beachte dabei die Knipse (siehe Seite 23). Nähe von der Armlochseite, die etwas gedehnt wird, damit du die Mehrweite in der Armkugel unterbekommst. Bügele die Ärmeleinsatznaht zuerst zusammen, dann ins Shirt.

8 Stecke anschließend die Seitennähte. Fixiere die aufeinandertreffenden Armlochnähte mit Stecknadeln aufeinander und stecke von diesem Punkt aus unter Berücksichtigung der Knipse die Seitennaht nach oben und nach unten. Lege die aufeinandertreffenden Nähte am Ärmeleinsatz in entgegengesetzte Richtungen. Schließe die Naht und bügele die Seitennähte erst zusammen, dann in Richtung VT. Wenn du eine Eigenmarke aus deinem Modell machen möchtest, kannst du ein Flag Label mit einnähen (siehe Seite 141).

9 Jetzt arbeitest du die Säume. Bügele sie in Saumbreite um und stecke sie von der rechten Seite mit Quernadeln fest. Nähe mit der Zwillingsnadel mithilfe eines Kantenmagnets in der vorgegebenen Nahtlinie. Überlappe die Nähte am Anfang bzw. Ende um einige Zentimeter.

10 Nun kannst du das Shirt von rechts noch mal schön bügeln und alle überstehenden Fäden abschneiden.

Schickes Shirt mit Dreiviertelarm

Gestutzte Ärmel verleihen diesem Leibchen eine Spur 1950er-Jahre-Charme. Mit einer eingesetzten Kontrastblende als liebevolles Detail wird das sonst schlichte V-Ausschnitt-Shirt zum Eyecatcher. Dieses hier ist wie gemacht zur Kombination mit unseren Handschuhen (siehe Seite 34), die dazu getragen für lückenlosen Liebreiz sorgen. In den Rock gesteckt, kannst du ein V-Shirt elegant stylen, getragen mit Jeans oder Sweatpants wird es zur legeren Sportsfreundin.

Was du dafür brauchst

- Unifarbener Single-Jersey, 120 cm (bei 140 cm Stoffbreite)
- Gemusterter Single-Jersey für die Kontrastblende, 10 cm (bei 140 cm Stoffbreite)
- Evtl. Jacquardband als Necktape, Länge = RT-Halslochweite plus 4 cm Nahtzugabe, 0,7–1,4 cm breit
- Passendes Nähgarn
- Handwerkszeug

Schickes Shirt mit Dreiviertelarm

Zuschneiden

Kopiere dir die 4 Schnittteile aus dem Schnittmusterbogen F auf Papier und schneide sie aus.
Lege den unifarbenen Stoff in den Doppelbruch (siehe Seite 22) rechts auf rechts und stecke die Teile für VT und RT im Bruch fest. Schneide zu.
Lege den restlichen Stoff rechts auf rechts, stecke den Ärmelschnitt auf und schneide die Ärmel doppellagig zu.
Lege den gemusterten Stoff für die Halsblende rechts auf rechts in den Bruch und befestige den Schnitt für die Halsblende. Schneide zu. Vergiss nicht, die Knipse (siehe Seite 23) zu setzen. Achte überall darauf, dass der Fadenlauf stimmt.

Nahtzugabe: 0,7 cm, Saum 1,5 cm

Nähen

1 Bügele die Halsblende längs zur Hälfte, sodass ein Bruch entsteht und lass sie auf dem Bügelbrett liegend gut auskühlen.

2 Stecke VT und RT rechts auf rechts an den Schulternähten bündig aufeinander. Schließe die rechte Schulternaht, dämpfe sie erst zusammen und bügele sie dann in Richtung des VT.

3 Falte den Bügelbruch der Halsblende auseinander und stecke sie an den vorderen V-Kanten rechts auf rechts zusammen. Schließe die Naht mit einem Steppstich und bügele sie vorsichtig auseinander. Klappe die Blende wieder auf die Hälfte und bügele den Bruch auch an der Spitze.

4 Nun steckst du die Halsblende in den Halsausschnitt. Beginne an der offenen Schulternaht, der RM und der Spitze. Verteile dann die restliche Weite gleichmäßig. Der Halsausschnitt ist etwas weiter als die Blende, du musst die Blende also eindehnen (siehe Seite 26). Stecke von der Seite der Blende aus mit Quernadeln.

5 Bevor du die Halsblende mit der Overlock einnähst, steppe die Blende an der Spitze ein Stück mit Steppstich ein. Beginne 5 cm vor der Spitze, nähe in Overlocknahtbreite bis zum tiefsten Punkt, lass die Nadel im Stoff stecken, hebe kurz den Steppfuß und drehe das Teil darunter, danach senke den Steppfuß wieder. Nähe noch 5 cm weiter und beende die Naht, ohne zu verriegeln. Jetzt kannst du an der Spitze beginnen, die Blende mit der Overlockmaschine einzunähen. An der offenen Schulternaht setzt du ab und wechselst zur Gegenseite der Schulternaht, von hier aus nähst du wieder Richtung Spitze. Dort angekommen, nähst du mit der Overlock aus deinem Teil hinaus.

6 Bügele die Naht von links zusammen und dann vorsichtig von rechts den Ausschnitt. Drücke nicht auf, sonst gibt es Glanz, sondern arbeite mit etwas Dampf und leichtem Druck, du streichelst den Ausschnitt nur.

7 Stecke die noch offene Schulternaht rechts auf rechts zusammen und fixiere den Punkt, an dem die Enden der Blende aufeinandertreffen, mit Quernadeln aufeinander. Schließe nun die Naht und bügele sie erst zusammen, dann ins VT. Verstecke die Fadenenden in der entstandenen Falte zwischen Nahtzugabe und Teil und riegele die Nahtzugabe auf der Blende knappkantig Richtung VT. Nähe dreimal hin und zurück und schneide die Fäden gründlich ab.

8 Stecke nun die Ärmel ein, beachte dabei die Knipse. Nähe von der Armlochseite, die etwas gedehnt wird, damit du die Mehrweite in der Armkugel unterbekommst. Bügele die Ärmeleinsatznaht zuerst zusammen, dann ins Shirt.

9 Stecke anschließend die Seitennähte. Fixiere die aufeinandertreffenden Armlochnähte mit Stecknadeln aufeinander und stecke von diesem Punkt aus unter Berücksichtigung der Knipse die Seitennaht nach oben und nach unten. Lege die aufeinandertreffenden Nähte am Ärmeleinsatz in entgegengesetzte Richtungen. Schließe die Naht und bügele die Seitennähte erst zusammen, dann in Richtung VT.

10 Jetzt arbeitest du die Säume. Bügele sie in Saumbreite um und stecke sie von der rechten Seite mit Quernadeln fest. Nähe die Säume mit der Zwillingsnadel mithilfe eines Kantenmagnets in der vorgegebenen Nahtlinie. Überlappe die Nähte am Anfang bzw. Ende um einige Zentimeter.

11 Dein Teil ist nun eigentlich schon fertig. Wenn du eine Eigenmarke daraus machen möchtest, kannst du dir noch die Necktape-Verarbeitung gönnen (siehe Seite 140). Zum Abschluss bügele das Shirt von rechts noch mal schön und schneide alle überstehenden Fäden ab.

YES

Gute-Laune-Longsleeve

Als Klassiker darf ein Longsleeve mit Rundhals in keinem Kleiderschrank fehlen! Ganz abhängig von der Stoffwahl kommt es als Allrounder-Basic daher oder bietet dir reichlich Raum für fantasievoll gemusterte Stoffe. Wenn du noch mehr Statement brauchst, kannst du z.B. die Fläche auf der Brust als Plattform für Botschaften nutzen. Für eine Wording-Applikation benötigst du nicht viel mehr als ein paar kleine Stoffreste und Freude am fröhlichen Mustermix. Am zart eingefassten Halsloch findet sich eines der Applikationsmuster wieder und macht das Shirt zu einem ganz besonderen Teil.

Was du dafür brauchst

- Unifarbener Single-Jersey, 140 cm (bei 140 cm Stoffbreite)
- Gemusterter Single-Jersey für Kontrastblende und Applikation, 10 cm (bei 140 cm Stoffbreite)
- Reste von 2 weiteren Stoffen für die Applikation
- Rest dünne Bügeleinlage für die Applikation
- Backpapier
- Passendes Nähgarn
- Handwerkszeug

Tipp

Schau doch mal im Textprogramm deines Computers nach, was es so zu bieten hat. Runde Schriftarten mit wenig Ecken und Serifen sind einfacher zu verarbeiten. Ist dir die Schrift zu filigran, probiere sie in Fett und wähle die maximale Schriftgröße. Am Kopierer kann auch der Grafiklaie sie dann auf die gewünschte Größe ziehen.

Gute-Laune-Longsleeve

Zuschneiden

Kopiere dir die 4 Schnittteile aus dem Schnittmusterbogen F auf Papier und schneide sie aus. Kopiere die Applikationsvorlage aus dem Schnittmusterbogen A auf halbtransparentes Papier, z.B. Backpapier.
Lege den unifarbenen Stoff rechts auf rechts in den Bruch, stecke VT und RT im Bruch fest und schneide zu. Stecke den Ärmelschnitt auf den Stoff und schneide doppellagig zu. Markiere auf dem VT auf der rechten Stoffseite mit Schneiderkreide den Sitz der Applikation.
Stecke den Schnitt für die Kontrastblende von links auf den gemusterten Stoff und schneide zu.
Schneide aus den Stoffresten für die Applikation grobe Rechtecke aus, etwas größer als die Buchstaben, und bebügele diese vorab mit Einlage. Achte überall darauf, dass der Fadenlauf stimmt.

Nahtzugabe: 0,7 cm, Saum 1,5 cm

Nähen

1 Beginne mit der Applikation (für dieses Modell haben wir eine »undone« Applikation gewählt, mehr Varianten findest du auf Seite 120): Stecke die drei Stoffstücke von rechts so auf das VT, dass sie die angezeichnete Position treffen, sie sollten sich nicht überlappen. Schneide in diesem Fall vorsichtig die Rechtecke etwas zurück. Lege die Vorlagen mit den Buchstaben glatt obenauf und stecke sie mit Stecknadeln fest.

2 Steppe mit einem kleinen Steppstich die Konturen der Buchstaben nach. Sind alle Buchstaben gesteppt, kannst du das Papier entfernen.

3 Beschneide nun die Buchstaben, sodass neben der Steppnaht noch 2 mm Stoff stehen bleiben. Bügele die Applikation noch einmal von links mit Dampf.

4 Lege VT und RT an der rechten Schulternaht rechts auf rechts kantenbündig aufeinander und stecke sie fest. Schließe die rechte Schulternaht und bügele sie erst zusammen und dann nach vorn.

5 Für die Halseinfassung steckst du die zugeschnittene Blende von rechts kantenbündig an den Halsausschnitt. Es ist wichtig, dass du das Teil beim Stecken und Nähen gedehnt hältst (siehe Seite 26). Steppe die Blende mit einem kleinen flachen Zickzackstich füßchenbreit an.

6 Beim Bügeln schlage nun die andere Seite der Blende ein, sodass ihre Kante die Ausschnittkante trifft. Schlage die eingeschlagene Kante nochmals um und stecke sie mit Längsnadeln im Nahtschatten fest (in dem kleinen Abgrund, der hinter der Naht entsteht). Die umgebügelte Kante ragt von hinten ca. 2 mm über die vorhandene Steppnaht.

7 Wenn du im Nahtschatten steppst, solltest du diese Kante gut erwischen. Stecke die Nadeln in kleinen Abständen, versichere dich, dass die Stecknadeln die Kante überall erwischen. Steppe nun im Schatten der Naht mit einem kleinen Steppstich, verriegele am Anfang und Ende. Wenn am Ende etwas Band übersteht, schneide dieses im Verlauf der Schulternaht ab.

8 Stecke nun die Nahtzugaben der linken Schulternaht kantenbündig rechts auf rechts aufeinander, achte besonders darauf, dass die Enden der Halsblende exakt aufeinandertreffen, und schließe sie. Dämpfe die Naht zuerst zusammen und dann nach vorn. Um den Halsausschnitt zu sichern, klemme das Fadenende der Overlocknaht zwischen die nach vorn gelegte Nahtzugabe und setze einen kurzen Riegel parallel zur Schulternaht knappkantig auf die Halseinfassung. Nur wenige Stiche hin und her reichen, um die Naht zu sichern.

9 Stecke nun die Ärmel ein, beachte dabei die Knipse (siehe Seite 23). Nähe von der Armlochseite, die etwas gedehnt wird, damit du die Mehrweite in der Armkugel unterbekommst. Bügele die Ärmeleinsatznaht zuerst zusammen, dann ins Shirt.

10 Stecke anschließend die Seitennähte. Fixiere die aufeinandertreffenden Armlochnähte mit Stecknadeln aufeinander und stecke von diesem Punkt aus unter Berücksichtigung der Knipse die Seitennaht nach oben und nach unten fest. Lege die aufeinandertreffenden Nähte am Ärmeleinsatz in entgegengesetzte Richtungen. Schließe die Naht und bügele die Seitennähte erst zusammen, dann in Richtung VT.

11 Arbeite nun die Säume: Bügele die Saumzugaben um und stecke sie von der rechten Seite mit Längsnadeln. Nähe sie mit der Zwillingsnadel mithilfe eines Kantenmagnets in der Nahtlinie, überlappe Anfang und Ende der Naht um 2 cm. Zum Abschluss bügele das Shirt von rechts und schneide alle überstehenden Fäden ab.

1. V-Neck

Der V-Ausschnitt, wie wir ihn lieben, lässt tief blicken und ist perfekt, um starke Schultern gekonnt zu kaschieren. Zudem macht er einen schwanengleichen Hals, an dem auch Großmutters Amulett an der langen Kette einen Platz an der Sonne erhascht. In Kombination mit Raglanärmeln kann er sehr sportlich wirken. Sei gewiss: V-Neck ist keck!

2. Roundneck

Der ordinäre Rundhals ist der Klassiker unter den T-Shirt-Krägen. Sieht prima aus bei mäßig großen Apfelbrüsten – hier ist weniger ganz klar mehr. Der kleine Rundhals lässt auf der Brust viel Platz für Motive, was ihm seit den 1990er-Jahren Ruhm im Einsatz an Girlie-Shirts einbrachte. Für ballerinenhafte Grazie kann ich zum großen Rundhals raten, hier werden auch knochige Schlüsselbeine schmeichelhaft umrahmt, wie beim »cache coeur«, einem Ausschnitt aus einer ähnlichen Liga.

3. Carré

Mein geliebter Carré-Ausschnitt ist ein stilistisches Chamäleon: Durch die Verwendung gewisser Muster kannst du ihn individuell verändern und ihm z.B. mit Breton-Streifen in Schwarz-Weiß eine französische Note verleihen oder mit zierlichen Bouquetprints den Charme eines Sommertags auf der Alm einhauchen. Im Gegensatz zu seiner unartigen Schwester, dem »Herzausschnitt«, verleiht der Carré deiner Fassade eine Unschuld, die du sicher gekonnt einzusetzen weißt.

4. Herzausschnitt

Mein bester Freund »Herzausschnitt« hat eindeutig ein 1950er-Jahre-Faible. Mit Tellerrock und Pferdeschwanz kombiniert, brillierst du auf jedem Hot-Rod-Treffen als kesse Motorbiene und braust schon bald mit einem Kavalier im Cabrio davon. Für alle bierzeltaffinen Bienen unter euch: Auch hier ist ein Herzausschnitt Gold wert, kombiniert mit einer schubfreudigen Unterware ist euer »Holz vor der Hütten« optimal serviert.

5. Faux Cache Coeur

Ursprünglich entstanden als Wickelleibchen, liegt es diesem Ausschnitt am Herzen, das Herz zu verbergen, jedoch den Rest des Dekolletés einem kühlen Windhauch und neugierigen Blicken auszusetzen. Um dein Herz noch etwas mehr zu wärmen, kannst du das Cache Coeur tagsüber mit einem zierlichen Hemdchen unterfüttern, gleich dem Fichu, einem Einstecktuch aus dem 17. Jahrhundert. Der Cache-Coeur-Ausschnitt, ob faux oder echt, verleiht dir die subtile Grazie einer Ballerina in der Tanzpause.

Kleine Ausschnittkunde

6. Bubi-Polo

Herben Sportsgeist zeigst du mit einem Polokragen, jedoch in niedlicher und augenzwinkernder Form, wenn dieser ein runder Bubikragen ist. Ob akkurat zugeknöpft oder offenherzig, bleibt deinem Fingerspitzengefühl überlassen. Bubikrägen sind seit der Jahrhundertwende im Umlauf, ein lässiger Hauch von Nostalgie wird dich mit dieser Halsausschnittvariante schmunzelnd umwehen.

7. U-Boot

Die Botschaft ist ganz klar: Schiff ahoi! Mit einem U-Boot-Ausschnitt bist du everybody's darling, ganz ohne unterzutauchen. Das Kombinationstalent lässt sich très chic zu Marlenehosen und Baskenmütze wie gleichermaßen zu Jeans oder Rock kombinieren und wird mit Blazer und Ballerinas zeitlos und bürotauglich. Am liebsten geringelt in Blau-Weiß oder Rot-Weiß.

8. Grandpa's Neck

In Anlehnung an die sogenannte Leibwäsche, die unsere Großväter in sibirisch kalten Wintern trugen, entstand diese zauberhafte Ausschnittvariante, ein Roundneck mit Knopfleiste. Nicht wirklich getrieben von notwendiger Funktion, lebt diese Knopfleiste am Rundhals vor allem durch ihre antike Anmutung. Sie kommt optimal zur Geltung in lieblichen Ajoursstoffen oder kleinen Druckmustern und findet ihren Platz im Landhaus-Look oder Western Style à la »Unsere kleine Farm«.

9. Turtle Neck

So widersprüchlich das auch klingen mag, Rollkrägen an T-Shirts haben ihre Berechtigung. Und das nicht nur, um Knutschflecken zu verstecken. Wundervoll in den ersten Frühlingstagen, dient der Turtle Neck als Unterzieher bei Sommerkleidern, für die es eigentlich noch zu kalt wäre. Man fühlt sich einfach angezogen und übersteht gut und gerne eine Accessoires-Detox. Zauberhaft ist Mutters Bernsteinkette über einem Modell in Nougatbraun. Für den Turtle Neck egal welcher Armlänge sind am schönsten pure Farben.

Glockenherz-Dirndl

Dieses Modell geht direkt in dein Herz und in das deiner Bewunderer! Das wunderbar weibliche Jerseykleid, welches stilistisch von Pin-up-Koketterie bis Dirndlromantik einiges zu bieten hat, wünscht sich ein üppig gefülltes Dekolleté – mit dem richtigen BH kannst du etwas nachhelfen. Ein Herzausschnitt setzt Offenherzigkeit voraus. Doch scheut euch nicht, ihr Besitzerinnen knabenhafter Figuren! Mit einer kleinen Schnittänderung (siehe Seite 19 und 44) modifiziert ihr die Ausschnittpartie ruck, zuck in Richtung hochgeschlossen, auch mit U-Boot geht das Modell ganz hervorragend zusammen. Wir haben hier Mustermix in Farbharmonie betrieben, zum Strammziehen um die Taille gibt es einen nostalgischen Bindegürtel.

Tipp

Wenn du das ganze Kleid aus einem Stoff machst, genügen bei 140 cm Stoffbreite ca. 170 cm, da du dann nicht so viel Verschnitt hast.

Was du dafür brauchst

- Karierter Single-Jersey für VT, RT und Belege, 60 cm (bei 140 cm Stoffbreite)
- Geblümter Single-Jersey für die Ärmel, 70 cm (bei 140 cm Stoffbreite)
- Unifarbener Single-Jersey für das Rockteil, 140 cm (bei 140 cm Stoffbreite)
- Passendes Band für den Gürtel, 400 cm lang, 2–4 cm breit
- Bügeleinlage, 30 cm (bei 90 cm Breite)
- Passendes Nähgarn
- Handwerkszeug

Glockenherz-Dirndl

Zuschneiden

Kopiere dir die 7 Schnittteile aus den Schnittmusterbogen D und E auf Papier und schneide sie aus. Lege den Stoff für den Rock rechts auf rechts in den Bruch. Stecke den Schnitt auf und schneide das Rechteck zweimal im Bruch aus. Lege nun den Oberteilstoff in den Doppelbruch (siehe Seite 22) rechts auf rechts. Lege VT und RT am Bruch an und stecke die Schnittteile fest. Lege VT- und RT-Beleg ebenfalls am Bruch an und stecke sie fest. Schneide zu. Lege die zugeschnittenen Belege auf die Bügeleinlage und schneide sie zu.
Für die Ärmel lege den Blümchenstoff im Bruch rechts auf rechts. Stecke den Ärmelschnitt fest und schneide doppellagig zu.
Bitte denke bei allen Schnittteilen an die Knipse (siehe Seite 23).
Wenn die Rückseite des Bandes für deinen Geschmack nicht schön genug ist, schneide dir ein Futter zurecht. Dazu legst du das Band im Fadenlauf auf den gewünschten Stoff und schneidest ihn rundum mit ca. 7 mm Nahtzugabe zu.
Schneide das Band für den Bindegürtel in zwei gleichlange Teile. Achte überall darauf, dass der Fadenlauf stimmt.

Nahtzugabe: 0,7 cm, untere Blende 1 cm, Saum 1,5 cm

Nähen

1 Lege VT und RT rechts auf rechts und stecke die Schulternähte kantenbündig, schließe die Nähte. Dämpfe sie nach dem Nähen erst zusammen, dann ins VT.

2 Bebügele die beiden Belege mit der Einlage. Schließe die Belegschulternähte mit Overlock und bügele diese in den RT-Beleg. Bügele die Kante, die später ins Teil ragt, 1 cm breit um. Lass den Beleg gut auskühlen.

3 Das Oberteil liegt auf rechts. Stecke den Beleg rechts auf rechts an die Ausschnittkante. Fixiere die Schulternähte gut mit Stecknadeln und lege die Nahtzugaben dort in entgegengesetzte Richtung, sonst wird die Stelle zu dick. Beachte die Knipse und stecke den Beleg rundum glatt an den Ausschnitt. Nähe nun von der linken Oberteilseite aus die Verstürznaht mit kleinem Geradstich in vorgegebener Nahtbreite. In den Ecken lässt du die Nadel im Teil stecken und hebst zum Drehen kurz den Nähfuß an.

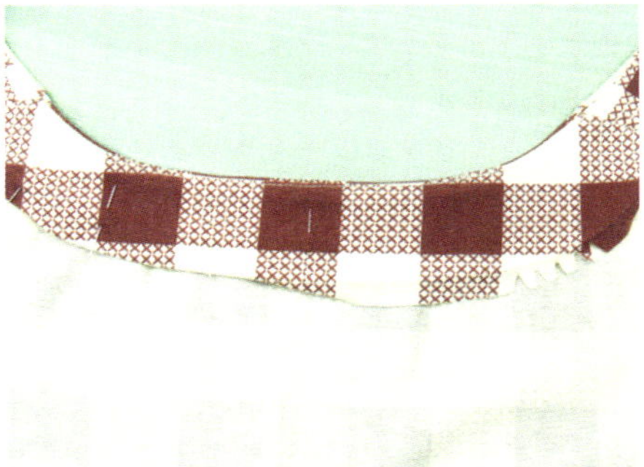

4 Nun musst du die Naht beschneiden. Hierzu knipst du aus der Nahtzugabe der Außenrundung kleine Ecken heraus (siehe Seite 27).

5 Die Innenrundungen knipst du lediglich ein. Hast du die Naht beschnitten, steppst du den Beleg knappkantig zurück. Das bedeutet, dass du alle Nahtzugaben in den Beleg legst und sie neben der Naht 1–2 mm breit auf dem Beleg absteppst.

6 Bügele nun den Beleg nach innen, sodass die Naht von außen nicht sichtbar ist, also minimal zurückliegt. Streiche den Beleg glatt ins Teil und stecke die in Schritt 2 umgebügelte Kante fest. Achte darauf, dass beide Lagen glatt ineinander liegen, denn sie haben die gleiche Form, es sollte keine Falte entstehen. Prüfe mit einem Handmaß, dass die umgebügelte Kante an allen Stellen gleichbleibenden Abstand zur Ausschnittkante hat. Versichere dich, dass das rückwärtige Nahtbild ebenso schön ist wie das der Vorderseite, wenn nicht, optimiere die Maschineneinstellung.

Auf der nächsten Seite geht es weiter...

7 Nun steppst du den Beleg von innen knappkantig auf. Fertig ist dein Ausschnitt! Du kannst ihn von rechts dämpfen.

8 Stecke nun die Ärmel ein und beachte dabei die Knipse. Nähe von der Armlochseite aus. Sie wird etwas gedehnt, damit du die Mehrweite im Ärmel unterbekommst (siehe Seite 26). Bügele die Ärmeleinsatznaht zuerst zusammen, dann ins Teil.

9 Lege die beiden Hälften des Bindegürtels an den Knipsmarkierungen rechts auf rechts auf das VT, sodass die Schnittkanten bündig mit der Seitennaht zum Liegen kommen, und stecke sie fest. Die beiden Gürtelhälften überkreuzen sich jetzt auf dem VT. Du kannst die Gürtelteile auch schon vorab mit einem Heftstich auf der Nahtzugabe feststeppen, wenn du sicher gehen möchtest, dass der Gürtel nicht verrutscht.

10 Die Seitennähte für Oberteil und Ärmel werden nun in einem Rutsch genäht. Fixiere dazu die aufeinandertreffenden Armlochnähte aufeinander und stecke von diesem Punkt aus die Seitennähte unter Berücksichtigung der Knipse nach oben und nach unten fest. Lege die aufeinandertreffenden Nähte in entgegengesetzte Richtungen. Bügele die Seitennähte zuerst zusammen, dann in Richtung des VT.

11 Lege nun die beiden Rockteile rechts auf rechts und stecke die Seitennähte kantenbündig aufeinander. Schließe die Seitennähte und bügele sie zuerst zusammen und dann in Richtung des RT.

12 Als Nächstes kräuselst du die Oberkante des Rockteils ein (siehe Seite 26). Lockere dazu die Oberfadenspannung ein wenig und stelle die größte Stichlänge ein. Nähe zuerst füßchenbreit zur Kante, dann in 4 mm Abstand zur ersten Naht jeweils einmal im Kreis ohne zu verriegeln. Lass ca. 10 cm lange Fadenenden stehen. Die eigentliche Naht liegt später zwischen den beiden Kräuselnähten. Sichere das eine Ende, indem du einen Knoten in die beiden Unterfäden machst. Ziehe nun vorsichtig an den anderen beiden Unterfadenenden. Dabei schiebst du den Stoff in kleinen Falten auf die gewünschte Länge für das Oberteil. Verteile die Kräuselweite gleichmäßig, bis du eine Gesamtweite erreichst, die der Weite der Ansatznaht entspricht.

13 Damit dir der Bindegürtel beim weiteren Nähen nicht in die Quere kommt, falte ihn mehrmals und stecke die beiden Hälften mit zwei Stecknadeln auf der Seitennaht fest. Schiebe nun das vorbereitete Oberteil kopfüber rechts auf rechts kantenbündig in das auf die passende Länge angekräuselte Rockteil. Fixiere mit Quernadeln zuerst die Seitennähte aufeinander und lege diese in entgegengesetzte Richtungen. Fixiere die Mittelknipse aufeinander und verteile die restliche Weite noch einmal gleichmäßig, stecke die Naht dann mit Quernadeln fest.

14 Steppe jetzt mit vorgegebener Nahtbreite zwischen den beiden Kräuselnähten den Rock ans Oberteil. Verwende hierzu einen leicht elastischen Steppstich, z.B. einen kleinen flachen Zickzackstich. Versäubere alle Nähte zusammen mit der Overlock. So hat die Naht doppelten Halt. Die Kräuselnähte lassen sich nun leicht entfernen: Ziehe zuerst die Unterfäden heraus und löse dann die Oberfäden. Dämpfe die Naht zum Schluss noch einmal flach, dabei verschwinden auch die eventuell entstandenen kleinen Löcher der Kräuselnähte.

15 Als letzten Schritt arbeitest du die Säume. Bügele die Ärmelsäume und den Rocksaum in 1,5 cm Saumbreite um und stecke sie von der rechten Seite mit Quernadeln fest. Nähe mit der Zwillingsnadel und verwende, wenn nötig, einen Kantenmagnet. Überlappe die Nähte am Anfang und Ende um einige Zentimeter.

Tipp

Den Bindegürtel füttern

Schneide wie auf Seite 70 beschrieben zwei Futterteile für die Gürtelhälften zu. Bügele die Nahtzugaben um, sodass die Maße mit denen der Bänder übereinstimmen. Nur die kurze Seite, die in die Seitennaht kommt, bleibt offen. Lege die Gürtelteile auf das vorbereitete Futter, sodass die Nahtzugaben zwischen den Lagen verschwinden. Stecke von der Gürtelseite die Kanten aufeinander und steppe das Band knappkantig auf. Achte darauf, dass du beide Kanten erwischst! Dämpfe die fertigen Gürtelteile noch mal schön flach und lass sie abkühlen. Der Gürtel ist nun bereit zur Weiterverarbeitung.

Swinging-Sixties-Minidress

Mit diesem süßen Minikleid in A-Linie beamst du dich direkt ins London der Swinging Sixties. Twiggy und Mary Quant lassen grüßen, wenn du an einem Regentag mit Gummistiefeln und Regenmantel, Schirm, Charme und Melone durch die verregneten Straßen einer Großstadt schlenderst! Selbstverständlich funktioniert dieses Modell auch in den Straßen von Hinterdupfing oder im Büroalltag. So oder so, zaubere lässige Vintage-Stimmung in dein Leben. Achtung: Schöne Beine werden ins rechte Licht gerückt und als entspannter Ausgleich dient der U-Boot-Stehkragen.

Was du dafür brauchst

- Ringel-Jersey für das Oberteil, 70 cm (bei 140 cm Stoffbreite)
- Glencheck-Jersey für Rock, Ärmel und Kragen, 70 cm (bei 140 cm Stoffbreite)
- Unifarbener Single-Jersey für die Taschen, 20 cm (bei 140 cm Stoffbreite)
- Bügeleinlage für Taschen und Kragen, 20 cm (bei 90 cm Breite)
- Passendes Nähgarn
- Handwerkszeug

Tipp

Wenn du alles aus einem Stoff nähen möchtest, benötigst du etwa 140 cm Single-Jersey bei 140 cm Stoffbreite.

Swinging-Sixties-Minidress

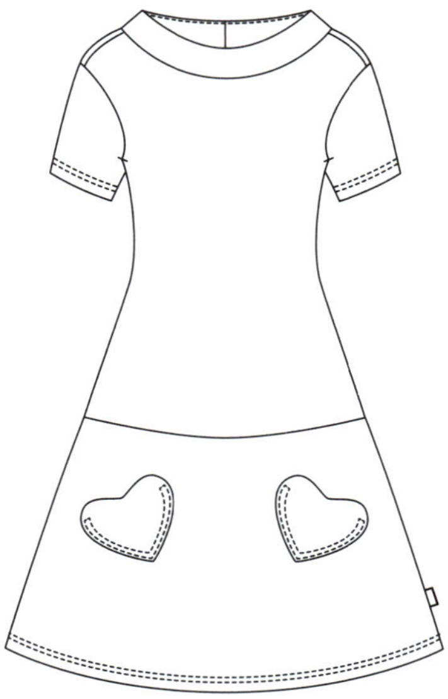

Zuschneiden

Kopiere dir die 7 Schnittteile aus dem Schnittmusterbogen A auf Papier und schneide sie aus.
Lege den Ringelstoff rechts auf rechts in den Doppelbruch (siehe Seite 22). Stecke den Schnitt für VT und RT jeweils am Bruch fest und schneide zu.
Lege den Glencheck-Stoff rechts auf rechts in den Bruch und schneide daraus das vordere und das hintere Rockteil einmal sowie den Kragen zweimal zu. Die Ärmel schneide doppellagig zu.
Markiere die Taschenpositionen auf der rechten Seite des Vorderrocks. Lege den unifarbenen Stoff rechts auf rechts in den Bruch und schneide die vier Taschenteile zu. Lege die Bügeleinlage doppelt und schneide vier Herztaschen und zwei Kragenteile zu.
Achte überall darauf, dass der Fadenlauf stimmt.

Nahtzugabe: 0,7 cm, Saum 1,5 cm

Nähen

1 Bebügele als Erstes alle Teile der Herztaschen und die beiden Kragenteile mit der Einlage.

2 Lege nun die Schnittteile für die Herztaschen rechts auf rechts aufeinander. Nähe sie bis auf eine Wendeöffnung von 3 cm zusammen. Beschneide die Herzen v-förmig in den Außenrundungen und schneide die Spitze ab. Wende die Herzen, zupfe sie in Form und dämpfe sie vorsichtig glatt.

3 Stecke die Herzen auf die im Schnittteil markierten Positionen auf den Vorderrock. Markiere das Ende der Naht auf beiden Seiten mit einer Nadel. Steppe sie zuerst

knappkantig auf, dann füßchenbreit zur ersten Naht. Bügele die aufgenähten Taschen von der linken Seite vorsichtig mit Dampf.

4 Stecke den Vorderrock rechts auf rechts an die Unterkante des Oberteil-VT. Schließe die Naht und bügele sie anschließend mit Dampf erst zusammen, dann in Richtung Rocksaum. Verfahre ebenso mit dem hinteren Rockteil und dem Oberteil-RT, aber bügele hier die Naht nach oben.

5 Schließe die Schulternähte. Bügele sie erst zusammen, dann ins VT.

6 Nun nähst du die Ärmel ein: Stecke sie von der Armlochseite ein, von der auch genäht wird. Fixiere zuerst den Ärmelknips an der Schulternaht. Dann beginne nochmals an beiden Nahtenden und lege die unteren Armlöcher bis zu den passenden Knipsen (siehe Seite 23) glatt aufeinander und stecke sie fest. Verteile den Rest der Strecken gleichmäßig. Im Ärmel ist etwas mehr Weite, d.h. du musst beim Stecken und später beim Nähen eindehnen (siehe Seite 26). Das erfordert etwas Fingerspitzengefühl, aber mit ein bisschen Übung klappt es immer besser, versprochen.

7 Schließe jetzt die Seitennähte. Beginne mit dem Stecken an der Ärmeleinsatznaht. Stecke die beiden Nähte erst zusammen, fixiere dann die beiden Nahtzugaben mit Nadeln in entgegengesetzte Richtungen. So liegen die Nähte später beim Nähen besser. Als Nächstes steckst du die Rockansatznähte aufeinander. Lege auch hier wieder die Nahtzugaben auseinander. Stecke dann die Enden der Naht am Ärmelsaum und am Saum fest. Verteile die Weite gleichmäßig und schließe die Naht. Bei gestreiftem Stoff stecke die Streifen aufeinander. Bügele die Nähte erst zusammen, dann zu einer Seite.

8 Bügele den Rocksaum und die Ärmelsäume in einer Saumbreite von 1,5 cm um und stecke sie von der rechten Seite mit Längsnadeln fest. Steppe die Säume mit einer Zwillingsnadel. Überlappe die Nähte am Anfang und Ende ca. 4 cm weit, sonst geht die Naht leicht auf. Bügele die Säume anschließend von rechts mit Dampf.

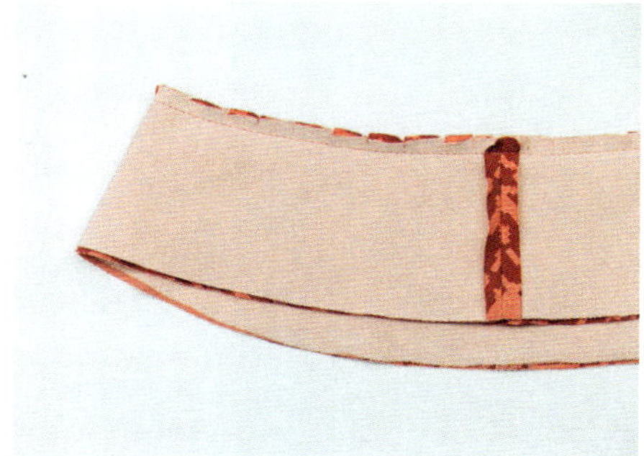

9 Jetzt fehlt nur noch der Kragen: Schließe die Teile an den kurzen Kanten mit Steppstich und bügele die Nähte auseinander. Stecke die beiden entstandenen Ringe rechts auf rechts ineinander und fixiere die Oberkanten bündig mit Stecknadeln. Steppe sie füßchenbreit rundum zusammen und beschneide die Nahtzugabe (siehe Seite 27). Steppe die Verstürznaht anschließend füßchenbreit zurück. Wende den Kragen auf rechts und bügele von der Innenseite mit Dampf die Kante so zurück, dass sie minimal hinter dem Bruch zum Liegen kommt.

10 Dein Kleid ist auf rechts gedreht. Schiebe den Kragen über den Halsausschnitt und stecke ihn von der Kleidseite aus mit den Schnittkanten bündig aufeinander. Beginne mit den Knipsen an VM, RM und den Schulternähten und verteile die restliche Weite auf den übrigen Halsausschnitt. Nähe den Kragen rundum ein und versäubere die Naht mit Overlock.

College-Poncho

Eine Collegejacke hat mit einem Poncho, also dem traditionellen Überwurf der indigenen Völker, wenig gemein. Hier jedoch kreuzen sich ihre Wege stilistisch: Ein Poncho-Schnitt wird durch das funktional nicht unwesentliche Detail Ärmel ergänzt und trifft auf eine sportliche Stoffkombination, die in gestreiften Ärmelbündchen endet. Solche Stilmixturen, die vertraute Modeelemente erfrischend ungewohnt miteinander verbinden, bereiten mir unheimliches Vergnügen. Nicht nur die Muster und Farben wurden hier miteinander vernäht, auch Fleecestoff, Sweatware und Single-Jersey gehen in diesem entspannten Cardigan eine großartige Verbindung ein.

Was du dafür brauchst

- Fleecestoff für den Rumpf, 100 cm (bei 140 cm Stoffbreite)
- Sweatware für Ärmel und Schalkragen, 100 cm (bei 140 cm Stoffbreite)
- Single-Jersey für die Ärmelbündchen, 30 cm (bei 140 cm Stoffbreite)
- Evtl. Jacquardband als Neck-tape, Länge = RT-Halsloch-weite plus 4 cm Nahtzugabe, 0,7–1,4 cm breit
- Passendes Nähgarn
- Handwerkszeug

Tipp

Natürlich kannst du dieses Modell auch aus einem Stoff nähen, etwa für eine sommerliche Variante komplett aus Single-Jersey. Da die Ärmel und Bündchen als Ausgleich zum weiten Rumpf jedoch ziemlich schmal geschnitten sind, sollte wenigstens der Stoff für diese Teile Elasthan enthalten.

College-Poncho

Zuschneiden

Kopiere dir die 5 Schnittteile aus den Schnittmusterbogen D und E auf Papier und schneide sie aus.
Lege den Fleecestoff rechts auf rechts in einen Doppelbruch (siehe Seite 22) und stecke den Schnitt des Rumpfteils im Fadenlauf fest. Schneide zu. Lege das Sweatmaterial ebenfalls rechts auf rechts in den Bruch und schneide die Ärmel und die beiden Hälften des Schalkragens doppellagig zu. Ebenso verfährst du mit den Ärmelbündchen. Setze die Knipse wo nötig (siehe Seite 23).

Nahtzugabe: 0,7 cm, Saum 1,5 cm

Nähen

1 Beginne mit der Vorbereitung: Bügele die Ärmelbündchen im Bruch Kante auf Kante mit der rechten Seite nach außen. Schließe die hintere mittlere Kragennaht und bügele sie zu einer Seite. Verstürze die unteren Kragensäume mit einem Steppstich (siehe Bild). Beschneide die Ecken, wende das Ganze und bügele die Ecken aus. Bügele dann den ganzen Kragen mit der rechten Stoffseite nach außen auf Kante. Beschwere ihn mit einem Brett, damit er nach dem Erkalten flach liegt und sich nicht einrollt.

2 Fixiere die gebügelten Ärmelbündchen mit Stecknadeln jeweils am Armabschluss. Schließe dann die Naht mit einem elastischen Stich. Bügele die Naht in Richtung Ärmel.

3 Stecke die Schulternähte kantenbündig, schließe sie mit einer Naht und bügele sie anschließend in Richtung VT. Stecke den Ärmel mit ein paar Nadeln an das Armloch. Achte darauf, dass die Knipse sich treffen, so kannst du sicher sein, dass du den richtigen Ärmel ins richtige Loch setzt. Nähe beide Ärmel ein. Bügele die Ärmelnähte in Richtung Ärmel.

4 Stecke nun die Seitennähte. Stecke zuerst die Ärmelnaht aufeinander fest. Lege die beiden aufeinandertreffenden Nahtzugaben beim Nähen in entgegengesetzte Richtungen. Fixiere die aufeinandertreffenden Nähte am Bündchenansatz sowie die Saumkante. Schließe die Seitennähte mit Steppstich und verriegele am Schlitzende.

5 Versäubere die Seitennähte ca. 3 cm oberhalb des Saumschlitzendes. Riegele die Naht im Ärmelbündchen zu einer Seite, verstecke dabei das Overlockende im Bruch.

6 Für den Krageneinsatz beginnst du in der hinteren Mitte den Kragen am Fleeceteil festzustecken. Lege den Kragen kantenbündig rechts auf rechts an und stecke ihn mit Quernadeln fest.

7 Dann stecke am Saumende: Dazu schlägst du die Saumzugabe um die bereits verstürzte Saumkante des Schalkragens. Verteile die Weite gleichmäßig und stecke den Kragen rundum fest. Der Schalkragen ist etwas kürzer als das Teil, du musst ihn leicht gedehnt halten (siehe Seite 26). Nähe ihn mit Overlock ein.

8 Bügele nun den gebogenen Saum mit Dampf in der angegebenen Nahtbreite um und stecke ihn von der rechten Seite fest. Nähe den Saum von rechts mit einer Zwillingsnaht in Saumbreite (wenn nötig, nimm einen Kantenmagnet zu Hilfe). Achtung: Du nähst diese Naht in drei Abschnitten, da du am Schlitzende jeweils mit Verriegelung unterbrechen musst. Zum Schluss setzt du einen Zickzackriegel quer auf das Schlitzende, das sichert den Schlitz vor dem Ausreißen.

9 Dein Teil ist nun eigentlich schon fertig. Wenn du eine Eigenmarke daraus machen möchtest, kannst du dir noch die Necktape-Verarbeitung gönnen (siehe Seite 140). Bügele zum Abschluss alles nochmals von rechts und voilà – fertig ist der College-Poncho.

Herztaschen-Joggers

Willkommen im Vereinsheim – doch nicht nur Sportsfreundinnen werden diesen textilen Ausbund an Gemütlichkeit lieben! Die lässige Passform im Schritt trifft auf sportliche Bündchen am Saum. Eine sachte Herzlichkeit verströmen die Taschen. Doch nun kommt die Krönung der Dehnung: Ein elastischer Klappbund schafft ungeahnte Tragevarianten. Ein Figurschmeichler – allemal!

Was du dafür brauchst

- Sweatware für die Hose, 130 cm (bei 140 cm Stoffbreite)
- Single-Jersey für den Bund, 50 cm (bei 140 cm Stoffbreite)
- Single-Jersey für die Bündchen, 20 cm (bei 140 cm Stoffbreite)
- Reste von 2 weiteren Stoffen für die Herztaschen
- Bügeleinlage, 10 cm (bei 90 cm Breite)
- Passendes Nähgarn
- Handwerkszeug

Herztaschen-Joggers

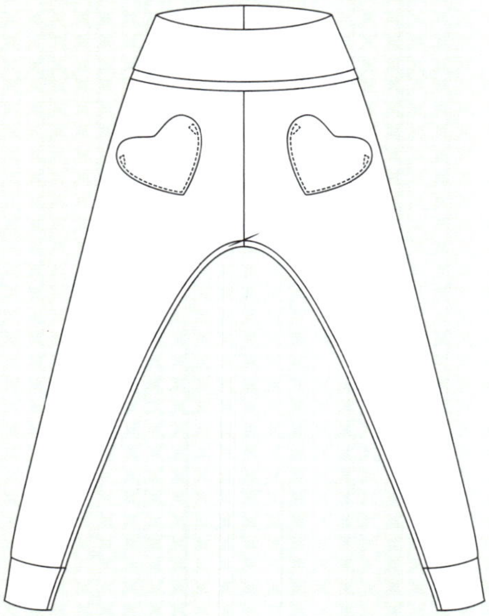

Zuschneiden

Kopiere dir die 5 Schnittteile aus dem Schnittmusterbogen F auf Papier und schneide sie aus.
Lege die Sweatware rechts auf rechts in den Bruch, stecke die beiden Hosenteile platzsparend ineinander verschachtelt im Fadenlauf fest. Schneide zu. Markiere die Taschenposition auf den beiden Hälften der Vorderhose von rechts und setze die Knipse (siehe Seite 23).
Lege den Bundstoff rechts auf rechts in den Bruch. Stecke das Schnittteil im Bruch fest und schneide zu.
Lege den Stoff für die Bündchen rechts auf rechts in den Bruch, stecke das Schnittteil im Fadenlauf fest und schneide es doppellagig zu.
Für die Herztaschen legst du die Stoffreste für innen und außen rechts auf rechts aufeinander, steckst das Schnittteil darauf fest und schneidest zu. Lege das zugeschnittene Teil erneut auf und schneide nochmals zu. Schneide das Herz noch jeweils viermal aus Einlage zu und bebügele die Herzen von links mit der Einlage.

Nahtzugabe: 0,7 cm

Nähen

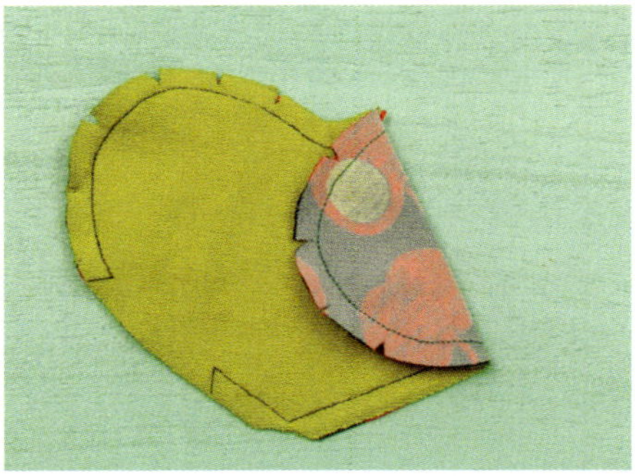

1 Lege die beiden Lagen der Herztaschen rechts auf rechts aufeinander und stecke sie fest. Steppe füßchenbreit mit einem kleinen Steppstich um das Herz herum bis auf eine Wendeöffnung von 3 cm. Beschneide die Naht vor dem Wenden. Wende das Herz auf rechts, drücke die Naht sauber in die Kante und bügele das Herz mit Dampf schön flach. Die eingeschlagenen Kanten der Wendeöffnung liegen genau aufeinander im Verlauf der Herzkontur. Du musst die Lücke nicht von Hand schließen, wenn es dir gelingt, im nächsten Arbeitsgang beide Lagen mitzufassen.

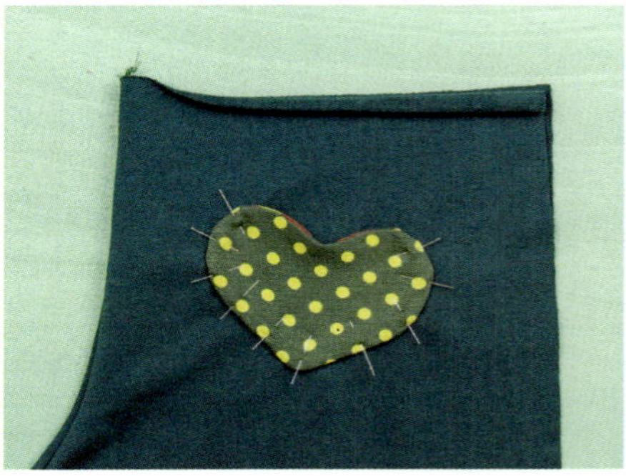

2 Positioniere die verstürzten Herzen glatt auf der Markierung in den Vorderhosenteilen und stecke sie fest.

3 Steppe die Taschen knappkantig auf. Setze an den beiden Eingriffen einen Dreiecksriegel (siehe Seite 25).

4 Nun legst du die beiden Teile der Vorderhose am Schritt kantenbündig rechts auf rechts und steckst sie mit ein paar Quernadeln fest. Schließe die Naht mit Overlock und bügele sie erst zusammen und dann in eine Richtung. Verfahre ebenso mit den beiden Teilen der Hinterhose.

5 Lege nun die beiden entstandenen langen Teile rechts auf rechts aufeinander. Beginne an den aufeinandertreffenden Schrittnähten zu stecken und stecke unter Berücksichtigung der Knipse in beide Richtungen bis zum Saum. Lege die Nahtzugaben an der Schrittnaht in entgegengesetzte Richtungen. Jetzt kannst du die innere Beinnaht in einem Rutsch schließen. Bügele anschließend die Naht zuerst zusammen und dann in eine Richtung.

6 Um die äußeren Beinnähte zu schließen, lege diese rechts auf rechts kantenbündig aufeinander und stecke sie mit Quernadeln fest. Schließe die Nähte nacheinander und bügele die Naht zuerst zusammen und dann in eine Richtung.

7 Stecke die Nahtzugaben der Ärmelbündchen und des Bundes kantenbündig rechts auf rechts und schließe die Nähte. Lege dann das Bündchen links auf links in den Bruch, sodass du jeweils einen doppellagigen Ring erhältst. Lege die Nahtzugaben im Inneren in entgegengesetzte Richtungen, lege die Schnittkanten aufeinander und bügele den Bruch fest.

8 Wende die Hose auf links und schiebe die Bündchen kopfüber rechts auf rechts kantenbündig von unten ins Hosenbein. Berücksichtige die Knipse beim Stecken. Die Naht des Bündchens kommt auf die innere Beinnaht, der Knips auf die äußere. Die Weite dazwischen verteile gleichmäßig.

9 Nähe von der Bündchenseite aus mit Overlock. Du musst beim Einnähen das Bündchen auf die Weite der Ansatznaht dehnen. Bügele die Naht anschließend zuerst zusammen und dann ins Teil.

10 Den Bund musst du extrem eindehnen (siehe Seite 26), nimm also ruhig ein paar Stecknadeln mehr. Schiebe den Bund kopfüber von oben in die Hose, sodass er rechts auf rechts kantenbündig zu liegen kommt. Stecke als Erstes die Naht auf die RM-Naht und verteile unter Berücksichtigung der Knipse die restliche Weite. Nähe die Naht von der Bundseite aus mit der Overlockmaschine. Beim Schließen der Naht dehne den Bund auf die Weite der Ansatznaht. Um die Wellen, die durch das gedehnte Annähen entstanden sind, zu glätten, bügele die Weite mit Dampf ein. Bügele dann die Naht ins Teil.

Kapuzenpulli mit Wendeoption

Der »Hoodie«, so nennt man ihn im Fachjargon liebevoll, ist ein Modell für jeden Tag und jede Frau. Natürlich ist ein Hoodie kein Chanelkostüm, dafür aber wesentlich elastischer und fantastischer. Ganz frech aus der Sportswear entlehnt, kombinierst du das Kapu-Sweatshirt am besten cross zur Anzughose oder zum Glockenrock, wenn es dich zur Arbeit begleiten soll. Jeans und Parka sind die perfekten Hoodie-Begleiter für einen Abend am Lagerfeuer. Am Ostseestrand wärmt er dich und deinen nassen Schopf nach einem kühlen Bad.

Was du dafür brauchst

- Gepunktete Baumwoll-Sweatware für äußeren Rumpf, Ärmel, Tasche und Kapuze, 150 cm (bei 140 cm Stoffbreite)
- Single-Jersey mit Apfeldruck für Bündchen und Kapuzenfutter, 50 cm (bei 140 cm Stoffbreite)
- Evtl. roter Single-Jersey für das Rumpffutter, 100 cm (bei 140 cm Stoffbreite)
- Passendes Nähgarn
- Handwerkszeug

Tipp

Der Pulli hier wurde mit Wendefunktion genäht. Prinzipiell benötigst du dafür nur ein Stückchen Futterstoff, aber dann noch eine ganze Ladung Koordinationstalent. Deshalb bleibt die Wendeoption den echten Profis vorbehalten (siehe Schritt 8, 9 und 10)! Der Hoodie funktioniert auch ohne wunderbar.

Kapuzenpulli mit Wendeoption

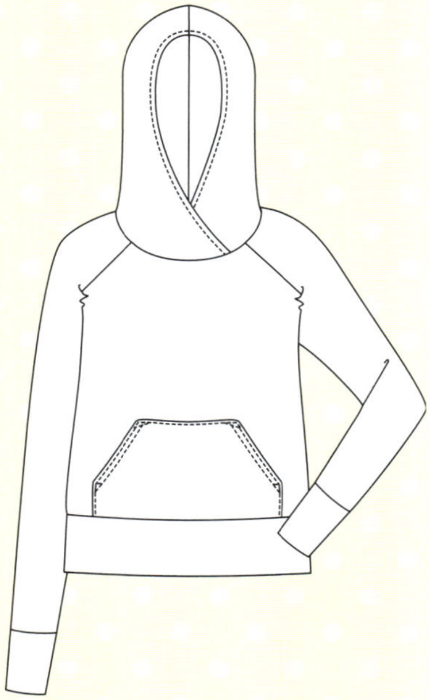

Zuschneiden

Kopiere dir die 7 Schnittteile aus den Schnittmusterbogen B und C auf Papier und schneide sie aus.
Lege den Punktestoff rechts auf rechts in den Bruch und stecke VT und RT am Bruch fest. Die Schnittteile von Kapuze und Ärmel stecke im Fadenlauf auf den doppellagigen Stoff. Schneide die Teile zu. Schneide die Tasche danach einlagig im Fadenlauf zu. Markiere auf der rechten Seite des VT die Taschenposition.
Lege den Bündchenstoff rechts auf rechts in den Bruch und schneide das Saumbündchen im Bruch zu sowie die Innenkapuze und die Ärmelbündchen doppellagig.
Für die Wendeoption: Lege den Futterstoff in den Doppelbruch (siehe Seite 22) und schneide daraus das innere VT und RT sowie die Ärmel zu.

Nahtzugabe: 0,7 cm

Nähen

1 Schließe jeweils die hintere Kapuzennaht an beiden Kapuzen mit einer Overlocknaht. Bügele die Naht flach, dann auseinander. Verstürze Kapuze und Innenkapuze an der vorderen Kante. Wende die Kapuze auf rechts und bügele die Nahtkante schön flach. Steppe die Kante anschließend von rechts füßchenbreit mit einem kleinen Steppstich ab.

2 Bügele die Nahtzugaben der Tasche um, stecke die Nahtzugaben des Eingriffs von rechts und nähe die Tascheneingriffe mit einer Zwillingsnadel von rechts fest. Stecke die Tasche an die vorgegebene Stelle und steppe sie mit 3 mm Abstand knappkantig auf. Setze an den Tascheneingriffen einen Dreiecksriegel (siehe Seite 25), damit sie nicht einreißen.

3 Stecke die inneren Ärmelnähte kantenbündig rechts auf rechts und schließe sie. Bügele sie erst zusammen, dann zu einer Seite. Verfahre ebenso mit den Seitennähten. Lege hierzu das VT und das RT rechts auf rechts kantenbündig aufeinander. Stecke die Seitennaht, beachte dabei die Knipse (siehe Seite 23) und schließe sie.

4 Beim Einsetzen des Ärmels achte darauf, dass die Nähte aufeinanderliegen und die Knipse sich treffen, damit die Ärmel im richtigen Armloch landen. Drehe den Rumpf auf links und stecke die auf rechts gedrehten Ärmel in die Armlöcher, sodass die Kanten bündig aufeinanderliegen. Stecke die aufeinandertreffenden Nähte in entgegengesetzte Richtung. Stecke die Naht von der Ärmelseite aus mit Nadeln fest. Nähe die Ärmel ein.

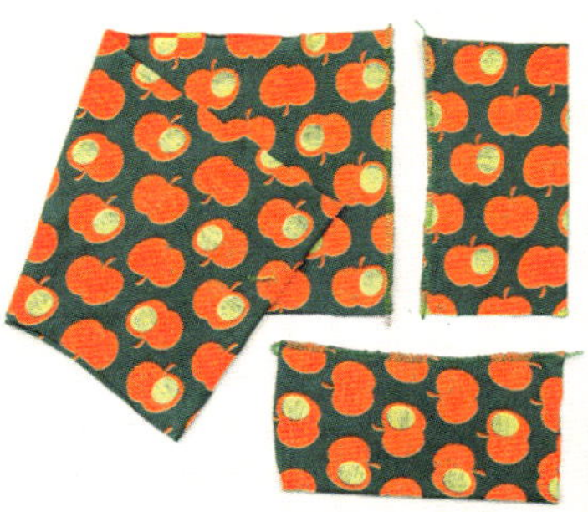

5 Stecke die Nahtzugaben der Ärmelbündchen und des Bundes rechts auf rechts und schließe die Nähte. Lege dann das Bündchen links auf links in den Bruch, sodass du jeweils einen doppellagigen Ring erhältst. Lege die Nahtzugaben im Inneren in entgegengesetzte Richtungen, lege die Schnittkanten aufeinander und bügele den Bruch fest.

6 Schiebe die Ärmelbündchen rechts auf rechts kopfüber in den Ärmel des auf links gedrehten Pullis. Achte auf die Knipse und verteile die Weite gut. Das Bündchen ist etwas enger als der Ärmel, sodass du es beim Stecken und Nähen einhalten musst (siehe Seite 26). Bügele die Naht zusammen und dann ins Teil. Verfahre ebenso mit dem Saumbund.

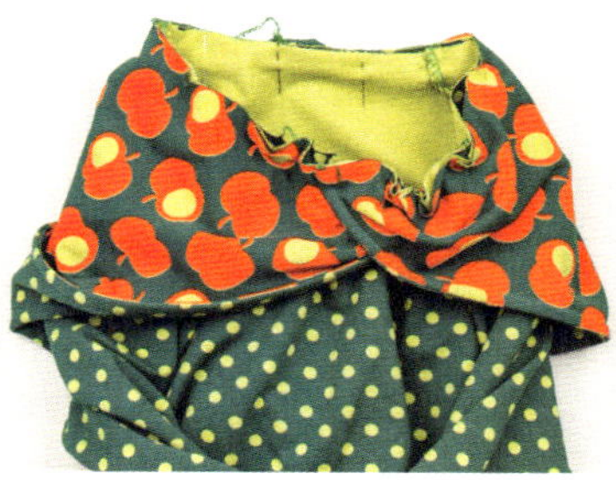

7 Nun setzt du die Kapuze ein: Drehe den Pullover auf links. Stecke die Kapuze von innen kantenbündig an das Oberteil. Beginne am Knips der RM. Arbeite dich Knips für Knips voran und stecke Quernadeln. Berücksichtige an der VM, dass sich die Kapuze ein Stück überlappen soll. Wenn du gesteckt hast, nähe die Kapuze mit einer Overlocknaht ein. Nun das Ganze noch mal bügeln – und fertig ist dein Hoodie! Es sei denn, er soll noch ein Wendefutter bekommen ...

8 So wird dein Hoodie auf beiden Seiten tragbar: Führe Schritt 3 und 4 mit den Schnittteilen aus Futterstoff aus. Lass dabei in der linken Ärmelnaht eine ca. 7 cm lange Öffnung zum Wenden. Schiebe Außen- und Innenrumpf ineinander und stopfe die Kapuze zwischen die beiden Rümpfe. Nun steckst du von der bereits genähten Seite das Futterhalsloch, das dahinter liegt, schnittkantig fest und nähst es hinter der Overlocknaht mit einem Steppstich. Achte hierbei darauf, dass sich in keiner Lage Falten bilden.

9 Wende den Pullover durch die Öffnung in der Saumnaht, sodass die Futterseite außen liegt. Ziehe nun die Bündchen und das Saumbündchen nacheinander durch das Loch und stürze die Nähte aneinander. Das ist etwas kniffelig, achte darauf, dass du dabei keinen Ärmel verdrehst, sonst klemmt es am Schluss.

10 Stecke zuletzt die Kanten der Wendeöffnung aneinander und schließe sie von Hand. Fertig ist dein Wende-Hoodie!

IDEAL
ZICK ZACK

Longsweat mit Rolli

Die lange Schwester des Kapuzenpullis hat viele Gesichter. Sehr sportlich erscheint sie, mit ihrer Känguru-Tasche und den kecken Bündchen an Ärmel und Saum. Man könnte meinen, es handele sich um ein Sweatshirt. Doch bei seiner Länge gesteht man es ihm gerne zu: Dieser Pulli ist fast ein Kleid. Einfach Leggings dazu und fertig! Ob heimelig im Haus am Herd oder flotten Schrittes beim Shoppingtrip – dieses Teil ist ein praktischer Begleiter für viele Angelegenheiten des Alltags.

Was du dafür brauchst

- Sweatware für VT, RT und Tasche, 100 cm (bei 140 cm Stoffbreite)
- Single-Jersey für die Ärmel, 80 cm (bei 140 cm Stoffbreite)
- Single-Jersey für Bündchen und Kragen, 100 cm (bei 140 cm Stoffbreite)
- Rest Bügeleinlage für die Tascheneingriffe
- Passendes Nähgarn
- Handwerkszeug

Tipp

Du kannst den Pulli auch aus einem Material machen, also z.B. nur aus Single-Jersey oder Sweatware. Wenn du verschiedene Stoffe mischst, achte darauf, dass sie auch vom Gewicht her zusammenpassen. Oder tausche den Rollkragen gegen die Kapuze von Seite 86 und schaffe eine neue Hoodie-Variante!

Longsweat mit Rolli

Zuschneiden

Kopiere dir die 7 Schnittteile aus den Schnittmusterbogen B und C auf Papier und schneide sie aus.
Lege den Sweatstoff rechts auf rechts in einen Doppelbruch (siehe Seite 22), stecke die Teile für VT und RT jeweils am Bruch fest und schneide zu. Die Tasche steckst du auf den übrigen Stoff einlagig von links im Fadenlauf auf und schneidest sie zu.
Markiere auf der rechten Seite des VT die Taschenposition.
Lege den Ärmelstoff rechts auf rechts in den Bruch, stecke die Ärmel auf und schneide sie doppellagig zu.
Lege den Kragen-/Bündchenstoff rechts auf rechts in den Bruch und schneide die Saumbündchen und den Kragen im Bruch zu sowie die Ärmelbündchen doppellagig.

Nahtzugabe: 0,7 cm

Nähen

1 Bügele als Erstes die Nahtzugaben an den schrägen Kanten der Tasche um und fixiere sie von der rechten Seite mit einer Zwillingsnaht. Bügele nun die restlichen Nahtzugaben um. Lege während des Abkühlens ein Holzbrett auf die Nahtzugaben, dann liegen sie schöner. Beschneide die Ecken. Bügele von der linken Seite ca. 1 × 2 cm große Stückchen Einlage auf die Stellen, auf denen später die Dreiecksriegel sitzen; das sichert die Eingriffe vor dem Ausreißen. Stecke die Tasche von rechts auf die richtige Position und steppe sie knappkantig auf. Verriegele an den vier Ecken die Tascheneingriffe mit einem Dreiecksriegel oder mit einem Zickzackriegel (siehe Seite 25).

2 Stecke und nähe die inneren Ärmelnähte kantenbündig rechts auf rechts zusammen und bügele sie erst zusammen, dann zu einer Seite. Verfahre ebenso mit den Seitennähten. Lege hierzu das VT und das RT rechts auf rechts kantenbündig aufeinander. Stecke und nähe die Seitennaht, beachte dabei die Knipse (siehe Seite 23). Bügele die Naht erst zusammen, dann in eine Richtung.

3 Als Nächstes kannst du die Ärmel einsetzen. Achte darauf, dass die Nähte aufeinanderliegen und die Knipse sich treffen. So stellst du sicher, dass du den richtigen Ärmel im richtigen Armloch hast. Drehe den Rumpf auf links und stecke die auf rechts gedrehten Ärmel in die Armlöcher, sodass die Kanten bündig aufeinanderliegen. Stecke die Naht von der Ärmelseite aus mit Nadeln fest. Lege die Nahtzugaben der beiden aufeinandertreffenden Nähte in entgegengesetzte Richtungen. Nähe die Ärmel ein.

4 Stecke die Nahtzugaben der Ärmelbündchen, des Bundes und des Kragens kantenbündig rechts auf rechts und schließe die Nähte. Lege dann das Bündchen bzw. den Kragen links auf links in den Bruch, sodass du jeweils einen doppellagigen Ring erhältst. Lege die Nahtzugaben im Inneren in entgegengesetzte Richtungen, lege die Schnittkanten aufeinander und bügele den Bruch fest.

5 Schiebe die Ärmelbündchen rechts auf rechts kopfüber in die Ärmel des auf links gedrehten Pullis. Achte auf die Knipse und verteile die Weite gut. Das Bündchen ist etwas enger als der Ärmel, sodass du es beim Stecken und Nähen eindehnen musst (siehe Seite 26). Bügele die Naht zusammen und dann ins Teil.

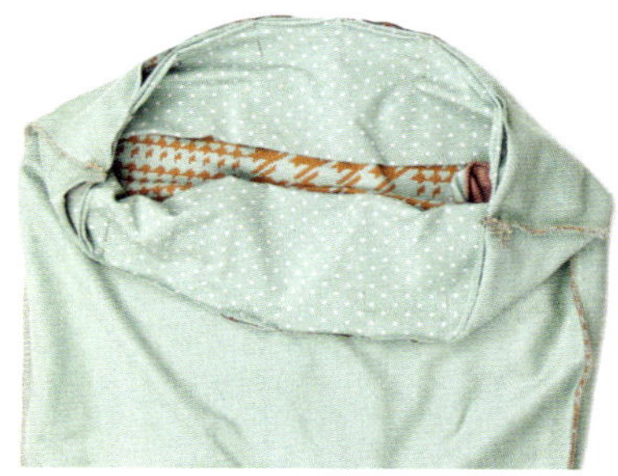

6 Verfahre ebenso mit dem Saumbund und dem Kragen. Beim Kragen beginnst du an der VM, RM und den Schulternähten mit dem Stecken und verteilst die Weite rundum. Beim Kragen muss nicht viel Mehrweite verteilt werden.

Tasche voller Glück

Taschen kann man nie genug haben, verschenken und vollstopfen! Diese Tasche verdanke ich einer geschmackvollen alten Dame, die in ihrem Leben nichts Schönes wegwerfen konnte. Im Inneren ist sie mit hübschem Tartan-Stoff gefüttert, außen hat der Wohnzimmervorhang von besagter Dame, Tante Margarete, seinen großen Auftritt (wie auch beim Glockenrock von Seite 112). »Tote Bag« ist der angesagte Titel für diese Luxusvariante des Jutebeutels. Ob beim Bäcker oder als Türklinkendeko, diese Tasche rockt!

Was du dafür brauchst

- Alter Vorhang oder robuster Webstoff für die Außentasche, mindestens 60 × 100 cm
- Gemusterte Baumwollpopeline für das Taschenfutter, 50 cm (bei 140 cm Stoffbreite)
- Etwas feste Pappe für den Boden, z.B. von einem Zeichenblock
- Farblich passender Klebeklettstreifen, 10 cm lang
- Passendes Nähgarn
- Handwerkszeug
- Cutter und Lineal oder Papierschere

Tasche voller Glück

Zuschneiden

Kopiere die 3 Schnittteile aus dem Schnittmusterbogen F auf Papier und schneide sie aus.
Lege den Webstoff für die Tasche einlagig, stecke den Schnitt von links im Fadenlauf fest und schneide zu. Verfahre gleich mit dem Futterschnitt. Lege das Futter danach rechts auf rechts in den Bruch und schneide das Bodenfutter doppellagig zu. Lege den Oberstoff rechts auf rechts in den Bruch und schneide die Henkel doppellagig zu. Schneide die Pappe für den Boden in den Maßen 12 × 26 cm zu.

Nahtzugabe: 1 cm

Nähen

1 Stecke das Taschenteil für die Außentasche im Bruch kantenbündig rechts auf rechts. Schließe die Nähte mit 1 cm Nahtzugabe, verriegele Anfang und Ende. Arbeite das Futter gleich, nur lass im unteren Drittel einer Seitennaht eine Wendeöffnung von ca. 7 cm.

2 Nähe als Nächstes die Ecken der Taschen ab. Lege dafür die Ecken auf die Spitze, sodass die Naht mittig liegt (siehe Bild). Zeichne im rechten Winkel zur Naht die Nahtlinie vor, die Länge sollte 12 cm betragen.

3 Bügele von links die Nahtzugaben der Henkelstreifen 1 cm breit um. Bügele dann die Henkel von rechts längs auf die Hälfte, sodass die gebügelten Kanten aufeinander zu liegen kommen. Fixiere sie mit ein paar Längsnadeln und steppe sie knappkantig zusammen.

4 Bügele die obere Taschenkante von der linken Seite mit etwas Dampf in der vorgegebenen Breite um. Stecke die Henkel kopfüber an die mit Knipsen markierten Positionen auf die Saumzugabe. Achte darauf, dass die Henkel nicht verdreht sind. Steppe sie nun zuerst an die Saumzugabe, anschließend knapp unterhalb der Umbruchkante noch einmal fest und verriegele jeweils die Nahtenden gut.

5 Drehe die Außentasche auf rechts. Schiebe die Futtertasche hinein, sodass sich die rechten Stoffseiten treffen. Stecke die oberen Kanten bündig und unter Berücksichtigung der Knipse mit Quernadeln aufeinander fest. Nähe beide Teile rundum mit 1 cm Nahtzugabe zusammen und wende die ganze Tasche durch das kleine Loch im Futter auf rechts. Lege die Umbruchkanten der Wendeöffnung im Nahtverlauf aufeinander und schließe sie kantig mit einer kleinen Steppnaht.

6 Schiebe die Außentasche in die Futtertasche und stecke die obere Saumkante in der vorgegebenen Breite mit Längsnadeln von rechts fest. Achte darauf, dass sich der Saum dabei nicht schräg in Fältchen verzieht. Wenn du willst, zeichne die Naht mit Schneiderkreide und Geodreieck vor, da ein Kantenmagnet mit Henkeln schwer zu handhaben ist. Steppe nun rundum und überlappe Nahtanfang und -ende.

7 Zeichne dir von der rechten Seite schräge Kreuze über den Sitz der Henkel auf den Saum. Stecke sie mit Nadeln durch und steppe dann von rechts vier identische Kreuzriegel von der rechten Seite. Dabei ist wichtig, dass du alle Lagen erfasst, also auch hinten die Henkel. So macht deine Tasche auch größere Einkäufe mit.

8 Um der Tasche noch etwas mehr Form zu verleihen, bekommt sie zum Schluss einen Boden. Stecke dafür die beiden Bodenfutterteile rechts auf rechts. Steppe die beiden langen und eine kurze Kante mit 1 cm Nahtzugabe zusammen und verriegele Nahtanfang und -ende. Schräge die Ecken der Nahtzugabe ab (siehe Seite 27). Wende das Teil und bügele die Nähte auf Kante. Schiebe die Pappe hinein, falte die offenen Kanten 7 mm nach innen und bügele sie. Stecke sie fest und steppe sie knappkantig zusammen. Klebe auf die Unterseite des Bodens mittig ein Teil des Klettstreifens. Das andere Teil befestigst du unten in der Tasche und klettest so den Boden fest.

Upcycling
Aus alt und verstaubt mach neu und wunderbar!

In einer Zeit, in der wir verklärt den modischen Look der Vergangenheit bewundern und große Modekonzerne zum Teil über Umweltleichen gehen, um Vintage-Effekte zu erreichen, ist Upcycling ein Trend, der uns Hoffnung gibt.
Dabei ist das nichts Neues: In der Nachkriegszeit wurden aus der Not heraus Vorhänge und andere verfügbare Textilien zu Kleidung umgeschneidert. Heute geschieht dies im Bekleidungsbereich aus Sehnsucht nach einer Mode fernab der Wegwerfgesellschaft und dem Wunsch, den Kreislauf von Kaufen, Wegwerfen und Neukaufen zu brechen.
Im Gegensatz zum Recycling, bei dem die aussortierten Gegenstände erst zerstört werden, um neue Rohstoffe zu gewinnen, wird beim Upcycling ein scheinbar nutzloser Gegenstand umgewandelt in etwas Neues, das Begehrlichkeit weckt. Nicht zuletzt ist die Verwertung alter Stoffe auch eine Art, die schönen Erinnerungen, die in einem solchen Stoff stecken, zu konservieren und der Person, die ihn jahrzehntelang wie einen Schatz gehütet hat, Respekt zu zollen, ganz egal, ob man sie kannte oder nicht.

Tipp

Kommentiere die Teile, die du aus schönen alten Schätzen nähst, mit kleinen Sprüchen. Diese kannst du direkt sichtbar (außen auf den Saum) oder unsichtbar (innen auf die Saumzugabe) von Hand oder mit der Maschine (computergesteuert) aufsticken. Auf den Rock von Tante Margarete habe ich ein keckes »Curtains up for Margarete's curtains« gestickt, ein tolles Extra! Mehr dazu auf Seite 121.

Neue Kleider aus Vorhängen

Der Stoff von sogenannten Übergardinen zeichnet sich meist durch eine besonders robuste Qualität und ein oftmals plakatives und dekoratives Muster aus.
Besonders schön finde ich es, kaputte Stellen nicht als Makel zu betrachten, sondern bewusst als seelenvollen Vintage-Effekt ins Teil mit einfließen zu lassen. Beispielsweise kannst du, wenn vorhanden, breite Vorhangsäume sehr einfach mitverarbeiten (siehe Glockenrock Seite 112) und erhältst dadurch eine tolle Wertigkeit. Ein raffiniertes Ensemble entsteht, wenn du aus dem Stoff gleich noch eine Tasche zum Rock schneiderst oder ein kleines »Glöckchen« für deine Tochter oder Nichte nähst.
Auch aus Spitzengardinen mit filigranen Mustern lässt sich mithilfe eines undurchsichtigen Futters ausgezeichnet ein Rock zaubern. Stehst du nicht auf weiße Spitze, färbe sie einfach um, kein Mensch wird je den Ursprung deines Meisterwerks erraten.

Schirmchen wechsle dich

Wer kennt das nicht: Erster Tag im südlichen Urlaubsdomizil, die Sonne brennt. Du kaufst dir am Strandkiosk günstig einen Sonnenschirm, um deine vornehme Blässe zu retten, und findest zufällig eine ganz hübsche Farbe. Leider passt der Schirm später nicht ins Gepäck oder, traurig, aber wahr: Er scheint nicht für die Ewigkeit konzipiert zu sein; nach wenigen Tagen gibt er den Geist auf und du verbringst den Urlaub notgedrungen im Schatten eines Wracks.

Schraube die Spitze ab und, falls vorhanden, löse die Befestigungen am Gestänge und den Ecken. Nimm den Bezug ab; im Koffer macht er sich ganz klein. Zu Hause angekommen, freust du dich über die hübsche Erinnerung. Aber was nun tun mit dem Souvenir? Ich sag es dir: Nähe dir einen Tellerrock daraus (siehe Seite 108)! Herrlich beschwingt siehst du damit dem nächsten Sommerurlaub entgegen!

Tipp

Aus dem im Inneren ausgeschnittenen Kreis kannst du ganz einfach einen glamourösen Barbie-Rock machen: Verriegele dazu alle Nähte oben und unten an der Schnittkante bis auf eine Naht oben. Trenne diese 1,5 cm weit auf und setze mit einem Steppstich einen Riegel am Ende der Auftrennstrecke, damit die Naht nicht weiter aufgeht. Steppe die obere Kante des Rocks knappkantig um. Setze als Verschluss einen Druckknopf in die oberen Ecken des Schlitzes. Fertig ist der Rock!

Stich für Stich ein Gedicht

Kreationen aus Webstoff

SINGER

Kleid »Highland Rose«

Die kleidgewordene Symbiose aus sportlichem Oberteil und Tellerrock ist beispielhaft dafür, wie du zwei völlig unterschiedliche Materialien auf unkonventionelle Weise kombinieren kannst. Das Ergebnis ist ein Modell, das überrascht und für eine Party genauso tauglich ist wie für eine Präsentation. Die Schleife zum Anstecken gibt es als Sahnehäubchen obendrauf.

Was du dafür brauchst

- Single-Jersey für das Oberteil, 100 cm (bei 140 cm Stoffbreite)
- Kontrastfarbener Single-Jersey für Bündchen und Schleife, 20 cm (bei 140 cm Stoffbreite)
- Baumwollstoff für den Außenrock, 160 cm (bei 150 cm Stoffbreite)
- Satinstoff für den Futterrock, ca. 150 cm (bei 150 cm Stoffbreite)
- Nahtbügelband, ca. 300 cm (bei Schrägzuschnitt)
- Passende Zackenlitze, ca. 500 cm lang
- Sicherheitsnadel
- Rest steife Einlage für die Schleife, max. 4 mm stark (z.B. Neopren oder Schaumstoff)
- Evtl. Jacquardband als Necktape, Länge = RT-Halslochweite plus 4 cm Nahtzugabe, 0,7–1,4 cm breit
- Passendes Nähgarn
- Handwerkszeug

Tipp

Sollte einer deiner Stoffe nur 140 cm Breite haben, musst du den Rockschnitt parallel zum Saumverlauf entsprechend kürzen (siehe Schnittmuster).

Kleid »Highland Rose«

Zuschneiden

Kopiere dir die 8 Schnittteile aus den Schnittmusterbogen D und E auf Papier und schneide sie aus. Lege den Jerseystoff fürs Oberteil rechts auf rechts in einen Doppelbruch (siehe Seite 22). Stecke VT und RT jeweils im Bruch an und schneide zu. Schneide die Ärmel und die Halsblendenteile doppellagig zu.
Lege den Schleifen-/Bündchenstoff rechts auf rechts in den Bruch. Stecke die Schnittteile für Ärmelbündchen, Schleife und Schlaufe fest und schneide zu. Schneide die Einlage zu.

Lege den Oberstoff rechts auf rechts in den Bruch. Stecke das Rockschnittteil mit der VM im Bruch fest und schneide das VT aus. Wiederhole das Ganze nun fürs RT (VT und RT sind identisch). Verfahre ebenso mit dem Zuschnitt des Futterrocks. Auch beim rechts beschriebenen Schrägzuschnitt des Oberstoffes bleibt die hier beschriebene Zuschnittmethode für den Futterrock gleich.

Nahtzugabe: 0,7 cm (Jersey), 1 cm (Web), Saum 1 cm

Hinweis: Der hier abgebildete Außenrock ist schräg im 45-Grad-Winkel zugeschnitten, da er ein Karomuster hat (siehe Seite 22). Dafür wird der Stoff rechts auf rechts schräg zum Fadenlauf in den Bruch gelegt und das Schnittteil ebenfalls zweimal im Bruch zugeschnitten. Bebügele anschließend die Schnittkanten mit Nahtbügelband, damit sie sich beim Nähen nicht ausdehnen (beim normalen Zuschnitt ist das nicht nötig).

Nähen

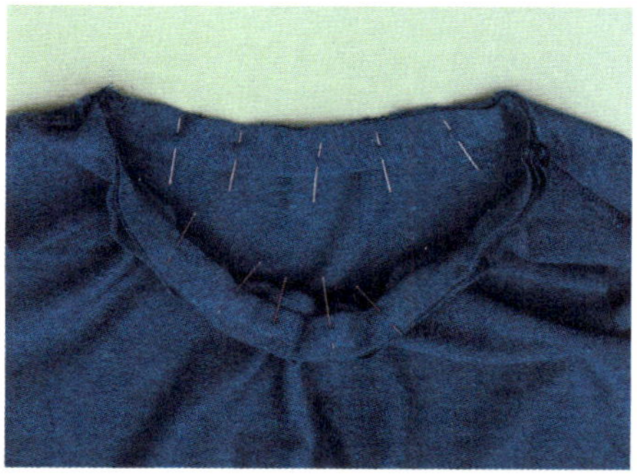

1 Beginne mit dem Oberteil: Stecke die Schulternähte rechts auf rechts und schließe sie. Schließe die Halsblendenteile zu einem Ring und bügele sie längs im Bruch. Stecke die Halsblende von der Blendenseite aus rechts auf rechts kantenbündig in den Halsausschnitt. Beachte hierbei die Knipse (siehe Seite 23) an VM, RM und Schulternähten und verteile die Mehrweite des Ausschnitts gleichmäßig. Beim Stecken und Nähen musst du die Halsblende gedehnt halten, damit sie später glatt liegt (siehe Seite 26).

2 Stecke die Ärmel von der Armlochseite aus ein und nähe die Ärmel ein. Bügele die Nahtzugaben erst zusammen, dann ins Teil. Dann fixierst du die Seitennaht mit Nadeln aufeinander, achte besonders darauf, dass die Armlochnähte sauber aufeinandertreffen. Die Nahtzugaben legst du in entgegengesetzte Richtung und steckst sie fest. Schließe nun die Seitennähte. Bügele alle Nähte immer zuerst mit Dampf zusammen und dann in eine Richtung.

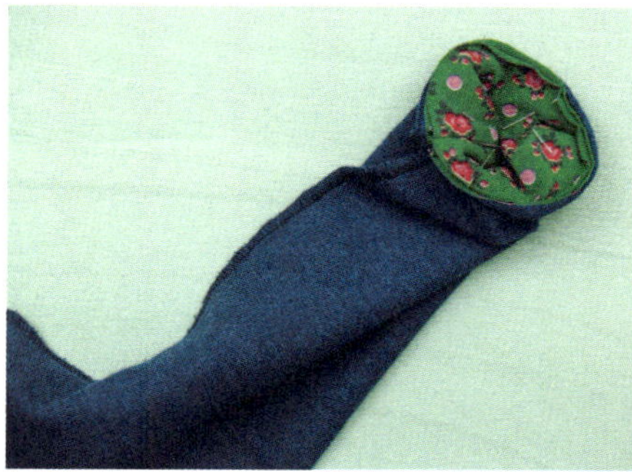

3 Schließe nun die Teile für die Ärmelbündchen rechts auf rechts zu einem Ring. Bügele sie links auf links in den Bruch, sodass die Schnittkanten aufeinander zu liegen kommen. Lege hierbei die Nahtzugaben immer in entgegengesetzte Richtung. Stecke die Bündchen kopfüber rechts auf rechts kantenbündig in die Ärmel. Der Ärmel hat Mehrweite. Stecke und nähe das Bündchen gedehnt ein. Bügele diese dreilagige Naht gut zusammen, danach legst du sie in Richtung des Ärmels und bügelst von rechts mit Dampf vorsichtig fest.

4 Versäubere die Nahtzugaben des Außenrocks vor dem Nähen offen und von der rechten Stoffseite mit Overlock. Ist die Naht schräg zugeschnitten, bebügele sie vorab mit Nahtbügelband. Bügele sie nach dem Versäubern noch mal flach. Stecke dann die Seitennähte rechts auf rechts aufeinander (berücksichtige bei Karostoff den Musterverlauf) und steppe sie mithilfe eines Kantenmagnets in 1 cm Breite zusammen. Bügele die Naht erst zusammen, dann sauber auseinander.

5 Um den Rock zu säumen, bügelst du ihn zuerst mit Dampf von links in 1 cm Breite um. Dann versäuberst du die Saumzugabe mit Overlock. Achte hierbei darauf, dass du die Kante eher einhältst als ausdehnst (gute Overlockmaschinen haben dafür die Einstellung »Differentialtransport«). Bügele den versäuberten Saum nochmals von links.

Auf der nächsten Seite geht es weiter...

6 Stecke nun von der rechten Seite die Zackenlitze auf den Saum. Beachte dabei, dass die Steppung in der Mitte der Litze auch die Saumzugabe mitfassen muss! Steppe von rechts die Litze und gleichzeitig den Saum fest. Bügele anschließend von rechts mit Dampf. Lass den Rock zum Auskühlen glatt liegen.

7 Schließe die Seitennähte des Futterrocks mit 1 cm Nahtbreite und versäubere die Nahtzugaben zusammen. Bügele die Naht erst mit Dampf zusammen glatt und dann zu einer Seite.

8 Bereite den Saum wie beim Außenrock vor. Steppe den festgesteckten Saum von rechts füßchenbreit fest und bügele ihn mit Dampf in Form.

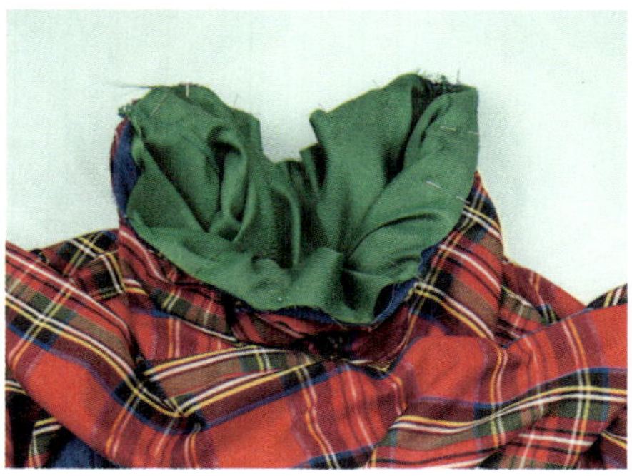

9 Nun verbindest du das Oberteil mit Futterrock und Oberstoffrock. Schiebe hierzu den auf links gedrehten Futterrock kopfüber in das auf rechts gedrehte Oberteil, sodass die Nahtzugaben kantenbündig aufeinanderliegen. Die rechte Futterrockseite liegt auf der linken Stoffseite des Oberteils. Stecke die Seitennähte und die Mittelknipse aufeinander. Als Nächstes stürzt du den auf links gedrehten Oberstoffrock über das Oberteil, sodass die Nahtzugaben kantenbündig aufeinanderliegen. Die rechten Stoffseiten beider Oberstoffteile liegen aufeinander. Auch hier fixiere zuerst die Nähte und Mittelknipse aufeinander und lege die Nahtzugaben der Seitennähte in entgegengesetzte Richtungen. Das Oberteil muss eingedehnt werden (siehe Seite 26), daher wirst du ein paar Nadeln mehr brauchen, um die Weiten der unterschiedlich langen Strecken gleichmäßig aufeinander zu fixieren.

10 Nun kannst du die Naht langsam und unter Zug mit einem kleinen Steppstich schließen. Versäubere anschließend mit Overlock oder Zickzack und bügele die Naht dann mit Dampf flach, ohne sie zu verdehnen. Zuletzt dämpfst du die Naht vorsichtig von rechts, alle Nahtzugaben liegen nun nach unten. Voilà, du hast jetzt wirklich ein kleines Meisterwerk vollendet! Hut ab! Wenn du eine Eigenmarke daraus machen möchtest, kannst du dir noch die Necktape-Verarbeitung gönnen (siehe Seite 140).

11 Jetzt kannst Du noch die Schleife anfertigen. Lege den Streifen für die Schleife rechts auf rechts. Schließe die hintere Naht bis auf eine Wendeöffnung von 3 cm. Lege die Naht auf die Mitte und schiebe das Rechteck aus steifer Einlage darunter. Steppe die beiden äußeren Nähte, fasse dabei die Einlage mit. Lege die Längsnaht der Schlaufe rechts auf rechts kantenbündig und schließe diese.

12 Wende die Schlaufe und lege die Naht hinten in die Mitte, bügele die Kanten fest. Wende dann die Schleife und schließe die Wendeöffnung von Hand. Klappe die Schleifenränder aufeinander, sodass die Naht innen liegt und die Ecken sich treffen. Nähe die beiden Ecken jeweils mit ein paar Handstichen zusammen. Drücke die Schleife dann in der Mitte zusammen und fixiere die Mitte mit ein paar Handstichen.

13 Jetzt schlingst du die Schlaufe ganz eng um die Mitte der Schleife. Die Naht liegt außen. Die wenigen Stiche, um die Schlaufe zu schließen, nähst du am besten mit der Hand. Es kann sein, dass am Ende etwas viel Nahtzugabe übrig bleibt; schneide diese auf 5 mm zurück, die Schlaufe soll richtig eng sitzen. Wende die Schlaufe, sodass Naht und Nahtzugabe innen liegen.

14 Schiebe den geschlossenen Teil einer Sicherheitsnadel unter die Schlaufe. Klemme sie in einem Bruch, in dem deine letzte Handstichnaht liegt, ein und fixiere sie wieder mit ein paar Handstichen. Die Sicherheitsnadel soll möglichst kein Spiel haben. Nun ist deine Schleife fertig. Da die Schlaufe flexibel ist, kannst du nach Bedarf die Sicherheitsnadel in jede beliebige Position drehen.

TYROLIS

Charmanter Fifties-Tellerrock

Hier treffen zwei tolle Trends aufeinander: Upcycling und Fifties-Revival. Das Material für den Außenrock stammt von einem ausgedienten Sonnenschirm. Das Pudelmotiv wiederum geht auf den »Poodle Skirt« zurück. Erfunden wurde er von Juli Lynne Charlot als Kreisrock aus Filz mit Applikation Anfang der 1950er-Jahre, als Juli Lynne sich ein einfach zu nähendes und wirkungsvolles Outfit für eine Weihnachtsfeier zaubern wollte – und es gelang! Der Pudel war einer ihrer größten Erfolge, denn damals wie heute lieben Menschen Kleidung, die Geschichten erzählt und zum Träumen anregt.

Was du dafür brauchst

- Sonnenschirmbezug oder Stoff mit etwas Stand, 170 cm (bei 150 cm Stoffbreite, z.B. Flanell, Baumwollstoff in Leinwandbindung oder fester Satin)
- Passender Futterstoff, 150 cm (bei 140 cm Stoffbreite)
- Single-Jersey für den Bund, 15 cm (bei 140 cm Stoffbreite)
- Schwarzer Gummi, 5cm breit (Länge siehe Zuschneiden, Seite 110)
- Schwarze Zackenlitze für Applikation und Saum, 650 cm
- Schwarzer Filz, 20 × 30 cm
- Eventuell Perle oder Paillette
- Sicherheitsnadel
- Passendes Nähgarn
- Handwerkszeug

Tipp

Sollte einer deiner Stoffe nur 140 cm Breite haben, musst du den Rockschnitt parallel zum Saumverlauf entsprechend kürzen (siehe Schnittmuster).

Charmanter Fifties-Tellerrock

Zuschneiden

Kopiere dir die 2 Schnittteile aus den Schnittmusterbogen B und C auf Papier und schneide sie aus.

Rockzuschnitt aus Sonnenschirmbezug: Falte den Sonnenschirmbezug rechts auf rechts zur Hälfte. Lege den Schnitt mit der VM/RM im Bruch an und stecke ihn fest. Schneide zu. Du erhältst einen ganzen Kreis. Beachte, dass du später zuallererst alle Nähte jeweils oben und unten verriegeln musst, damit diese nicht aufgehen.

Rockzuschnitt in alternativem Oberstoff: Lege den Oberstoff rechts auf rechts in den Bruch. Stecke das Rock-Schnittteil mit der VM im Bruch fest und schneide das VT aus. Wiederhole das Ganze nun fürs RT (VT und RT sind identisch). Verfahre ebenso mit dem Zuschnitt des Futterrocks.

Um den Gummi in der passenden Länge zuzuschneiden, lege ihn dir um die Taille und finde eine dir angenehme Spannung. Markiere die Länge mit Stecknadeln und gib 2 cm Nahtzugabe dazu. Lege den Jersey für den Bund rechts auf rechts im Bruch und schneide zu.

Stecke die Pudel-Vorlage von Schnittmusterbogen B für die Applikation auf dem Filz fest und schneide sie aus. Markiere die Position des Pudels auf dem Außenrock.

Der Zuschnitt der Zackenlitze erfolgt erst nach dem Feststecken (siehe Schritt 2 bzw. Schritt 6).

Nahtzugabe: 1 cm, Bund 0,7 cm

Nähen

1 Beginne mit der Applikation. Lege den Pudel auf die markierte Stelle und fixiere ihn mit einigen Nadeln. Schiebe das Ende der Zackenlitze vorn unter den Hundehals, damit es schön versteckt ist. Steppe nun knappkantig um die Kontur des Pudels.
Als Auge kannst du eine Paillette oder Perle aufnähen oder wie hier im Modell dieses Detail der Fantasie überlassen.

2 Nun bringst du die Zackenlitze als Hundeleine an. Stecke zuerst das Halsband über dem Hundehals fest. Lege dann die Hundeleine in eine Form, die dir gefällt. Achte darauf, dass sich die Zackenlitze beim Feststecken nicht verdreht. Stecke sie über die Nahtzugabe des Bundes hinaus und steppe sie auf, indem du in der Mitte des Bandes mit einem Steppstich entlangnähst. Schneide das Ende der Litze bündig mit der oberen Rockkante ab. Bügele Hund und Leine vorsichtig von rechts.

3 Hast du keinen Sonnenschirmbezug zur Hand, sondern nähst mit einem anderen Stoff, musst du nun die Seitennähte schließen. Versäubere die Nahtzugaben dazu von der

rechten Seite einzeln. Bügele sie glatt und stecke die Nahtzugaben des VT und RT rechts auf rechts kantenbündig aufeinander. Steppe in der vorgegebenen Nahtbreite und bügele die Naht erst zusammen und dann auseinander.

4 Schließe auch die Seitennähte des Futterrocks, versäubere diese aber erst nach dem Nähen der Naht zusammen. Bügele die Naht zusammen, dann in eine Richtung.

5 Nähe den Saum des Futterrocks. Bügele die Saumzugabe von links 1 cm um. Versäubere dann die Saumkante von rechts. Stecke den Saum von der rechten Seite mit Längsnadeln fest und achte darauf, dass du die Nahtzugabe an allen Stellen mitfasst. Steppe den Saum füßchenbreit von der rechten Seite ab und verriegele Anfang und Ende der Naht gut. Bügele den Saum noch mal schön in Form.

6 Versäubere den Rocksaum des Außenrocks rundum. Steppe die Zackenlitze in 1 cm Abstand zur Versäuberungskante auf. Wenn nötig, nimm einen Kantenmagnet zu Hilfe. Überlappe Anfang und Ende der der Zackenlitze um 3 cm.

7 Bügele die Saumzugabe 1 cm nach innen um. Die Naht der Zackenlitze liegt genau im Bruch, von außen siehst du die Hälfte der Litze. Stecke den Saum von rechts mit Längsnadeln fest. Nun steppst du knappkantig neben der Zackenlitze entlang. Überlappe die Naht an Anfang und Ende um ca. 2 cm.

8 Bügele den Streifen für den Bund auf die Hälfte und stecke die Kanten bündig rechts auf rechts. Schließe die hintere Bundnaht mit einem Steppstich. Lass nach Überschreiten des Bruchs eine kleine Lücke und verriegele das Nahtende. Nähe dann die letzten 1,5 cm der Naht und verriegele alles sorgfältig. Bügele die Naht auseinander und den Bund von rechts wieder in den vorgebügelten Bruch.

9 Stecke den Bund kopfüber rechts auf rechts in den auf links gedrehten Rock, beachte die Knipse (siehe Seite 23). Der Bund muss extrem gedehnt werden (siehe Seite 26); du brauchst also einige Nadeln. Die Nahtzugaben liegen kantenbündig. Die Lücke ist jetzt sichtbar, liegt also später innen. Schließe nun die Bundnaht rundum, während du sie dehnst, mit einem Steppstich. Verriegele Nahtanfang und -ende sorgfältig. Bügele die dreilagige Naht mit Dampf zusammen und dann nach unten ins Teil.

10 Stecke nun den Futterrock kopfüber rechts auf rechts von oben in den Außenrock. Die Nahtzugaben kommen kantenbündig aufeinander zu liegen. Stecke sie unter Berücksichtigung der Knipse erneut gut fest. Auch hier muss die bestehende Naht beim Stecken und Nähen gedehnt werden. Stecke die Längsnadeln von der Außenrockseite, damit du dich an der Naht orientieren kannst. Wenn du ausreichend gesteckt hast, steppe knapp neben der bestehenden Naht zur Kante hin rundum. Drehe den Rock auf rechts und lasse den Futterrock hineinfallen. Bügele die Kante des Futterrocks von der rechten Innenseite fest. Die Naht liegt nach unten.

11 Befestige die Sicherheitsnadel an einem der Gummienden und ziehe damit den Gummi durch die Lücke im Bund. Fixiere das Ende des Gummis in der Nähe der Lücke mit einer Stecknadel, damit es nicht in den Tunnel rutscht. Lass die Gummienden nach dem Wiederaustritt 2 cm überlappen, stecke sie mit zwei Nadeln fest und prüfe, ob der Gummi im Inneren des Tunnels nicht verdreht ist. Probiere den Rock an und prüfe, ob die Weite des Gummis passt. Verändere sie, wenn nötig. Überlappe die Gummienden um 2cm und steppe sie mit einem Kreuz oder einer Zickzacknaht fest. Vergiss nicht, zum Schluss die Lücke in der Bundnaht mit ein paar Handstichen zu schließen.

Glockenrock aus Tante Margaretes Vorhang

Fertige Vorhänge haben den Vorteil, dass sie bereits gesäumt sind. Den breiten Saumeffekt wollte ich für diesen Rock nutzen. Was Tante Margarete, die nicht einmal meine eigene Tante war, hinter ihrem Wohnzimmervorhang so alles erlebt hat, davon kann nur noch der Vorhang im Stillen schwärmen. Und genau diese lebendige Seele ist es, die hier mitschwingt, bei jedem Schritt in unserem koketten Glockenrock!

Was du dafür brauchst

- Vorhang, der Geschichten erzählt, oder fester Baumwollstoff für den Außenrock, 150 cm (bei 140 cm Stoffbreite)
- Satinstoff oder anderer Futterstoff für den Futterrock, 150 cm (bei 140 cm Stoffbreite)
- Gummiband, 3 cm breit (Länge siehe Tipp)
- Passendes Nähgarn
- Handwerkszeug

Tipp

Um den Gummi in der passenden Länge zuzuschneiden, lege ihn dir um die gewünschte Stelle (Taille oder Hüfte) und finde eine dir angenehme Spannung. Markiere die Länge mit Stecknadeln und schneide mit einer Nahtzugabe von 2 cm zu.

Glockenrock aus Tante Margaretes Vorhang

Zuschneiden

Kopiere dir die 2 Schnittteile aus dem Schnittmusterbogen C auf Papier und schneide sie aus.

Zuschneiden aus Vorhang

Lege den Vorhang mit dem Saum kantenbündig rechts auf rechts in einen Doppelbruch (siehe Seite 22). Klappe die Saumzugabe des Oberstoffschnittes weg und stecke den VT/RT-Schnitt mit der entstandenen Kante saumbündig und im Bruch fest. Schneide zuerst das eine Teil und lege das zugeschnittene Teil dann erneut am gegenüberliegenden Bruch saumbündig an und schneide zu. Markiere die Taschenpositionen von rechts mit Schneiderkreide auf dem VT.

Lege den Reststoff im Fadenlauf rechts auf rechts und stecke den Taschenschnitt fest. Du kannst auch den fertigen Saum als Tascheneingriff verwenden, dann musst du die im Schnittteil angezeichnete Saumzugabe wegklappen und die obere Kante an der fertigen Saumkante anlegen.

Zuschneiden mit neuem Stoff

Lege den Stoff rechts auf rechts in den Bruch. Stecke den VT/RT-Schnitt im Bruch auf und schneide zu. Da VT und RT den gleichen Schnitt haben, lege einfach das bereits zugeschnittene Teil erneut am Bruch des verbleibenden Stoffes an, stecke es fest und schneide auch dieses zu. Lege den Reststoff für die Taschen rechts auf rechts, stecke den Schnitt fest und schneide zu. Markiere die Taschenpositionen von rechts mit Schneiderkreide auf dem VT.

Der Futterrock folgt dem Zuschnittschema des Hauptstoffes.

Nahtzugabe: 1 cm, Saum 7 cm, Tasche 4,5 cm

Nähen

1 Beginne mit den Taschen: Bügele die Nahtzugabe der oberen Eingriffkanten zuerst 1 cm, dann in der Saumbreite von 3,5 cm um. Stecke den Saum mit Quernadeln und steppe ihn knappkantig fest. Bügele die restlichen Nahtzugaben in 1 cm Breite um und beschneide die Naht an den Ecken und oberen Enden.

2 Stecke die Taschen mit Quernadeln flach auf die Markierungen. Beginne die Naht mit einem Dreiecksriegel (siehe Seite 25) und steppe dann knappkantig um die Tasche. Beende die Naht am anderen Tascheneingriff wieder mit einem Dreiecksriegel. So sind deine Eingriffe gesichert.

3 Trenne den fertigen Rocksaum auf, damit du die Seitennähte besser schließen kannst, später musst du den Saum neu steppen. Versäubere anschließend die vier Nahtzugaben der Seitennähte einzeln von der rechten Stoffseite. Stecke beide Seitennähte kantenbündig aufeinander und schließe sie in einer Breite von 1 cm mit einem Steppstich. Lass aber in einer Naht oben im Bundbereich eine ca. 3 cm große Lücke für den Gummi. Bügele die Nähte von der linken Rockseite mit Dampf auseinander.

4 Bügele den Saum an den Nähten wieder schön und stecke ihn rundum von rechts mit Längsnadeln fest. Steppe in der alten Nahtlinie und versuche dabei, die ehemalige Stichlänge zu treffen. Bügele auch die obere Bundkante in angegebener Breite um.

5 Stecke die Seitennähte des Futterrocks kantenbündig aufeinander. Steppe zuerst in vorgegebener Nahtbreite und versäubere die Nähte dann zusammen. Bügele die Naht mit Dampf zusammen und dann in eine Richtung. Bügele den Saum für den Futterrock erst 1 cm um und dann noch einmal 1 cm. Stecke ihn fest und steppe ihn von der linken Futterseite knappkantig fest.

6 Nun stürzt du das Futter an die Nahtzugabe des Rockbundes. Stecke dafür die beiden Röcke rechts auf rechts kantenbündig ineinander und fixiere sie mit Quernadeln. Schließe die Futteransatznaht rundum in vorgegebener Nahtbreite und versäubere die Nahtzugaben zusammen. Bügele dann von rechts das Futter nach unten, sodass der Futterrock schön im Rock liegt.

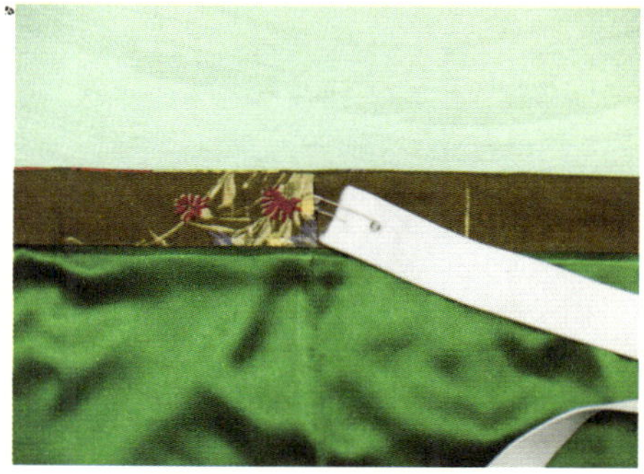

7 Stecke nun den Tunnel im vorgegebenen Abstand zum oberen Umbruch mit Längsnadeln fest und steppe ihn rundum fest, nimm eventuell einen Kantenmagnet zu Hilfe. Befestige die Sicherheitsnadel an einem der Gummienden und ziehe damit den Gummi durch die Lücke. Fixiere das Ende des Gummis in der Nähe der Lücke mit einer Stecknadel, damit es nicht in den Tunnel rutscht (der Gummi ist kürzer als der Tunnel).

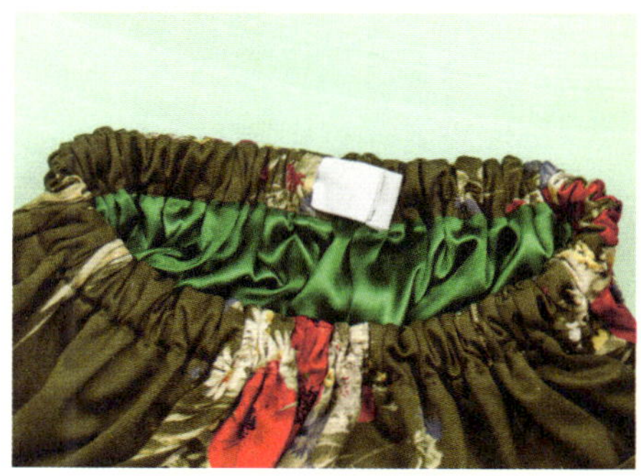

8 Wenn die Sicherheitsnadel mit dem Gummi auf der anderen Seite wieder herauskommt, lass die Gummienden 2 cm überlappen, stecke sie mit zwei Nadeln fest und prüfe, ob der Gummi im Inneren des Tunnels nicht verdreht ist. Ziehe den Rock über und teste, ob die Gummiweite passt. Steppe dann die Enden einander überlappend fest. Vergiss nicht, am Ende die Lücke, durch die du den Gummi gezogen hast, mit ein paar Handstichen zu schließen.

Schlupfbluse im Materialmix

Diese Bluse ist ein raffiniertes Mischwesen. Halb Jersey, halb Vorhang, trägt sie sich wie ein T-Shirt, verhält sich jedoch optisch wie eine Bluse. Zu schmalen Hosen umschmeichelt sie dein Hüftgold, im Bleistiftrock hingegen macht sie sich dünn und trägt nicht auf. Bei so viel Entspanntheit darf unbedingt mit Farben und Mustern gespielt werden! Hinzu kommt der Upcycling-Faktor: Erinnerungen an Tante Margaretes blumige Vorhänge verbünden sich augenzwinkernd mit warmen Rottönen und einem eleganten Schachbrett.

Was du dafür brauchst

- Vorhang, der fließend fällt, oder fließender Webstoff (z. B. Viskose, Seide, Modal, Cupro oder Polyester) für Blusen-VT und VT-Ausschnittbeleg, 70 cm (bei 140 cm Stoffbreite)
- Single-Jersey für Blusen-RT, 70 cm (bei 140 cm Stoffbreite)
- Single-Jersey für Ärmel und RT-Einfassband, 50 cm (bei 140 cm Stoffbreite)
- Rest dünne Einlage für den VT-Ausschnittbeleg
- Passendes Nähgarn
- Handwerkszeug

Schlupfbluse im Materialmix

Zuschneiden

Kopiere dir die 5 Schnittteile aus dem Schnittmusterbogen A auf Papier und schneide sie aus.
Lege den Webstoff rechts auf rechts in den Bruch. Stecke die Schnittteile für VT und VT-Ausschnittbeleg mit der VM am Bruch fest und schneide zu. Zeichne auf der linken Stoffseite die Brustabnäher mit Schneiderkreide ein und übertrage sie auf die andere Seite (dazu steckst du durch den bereits gezeichneten Abnäher Stecknadeln und zeichnest ihn von der anderen Seite ebenfalls auf der linken Stoffseite ein; kennzeichne das Abnäherende beidseitig mit einem Querstrich).
Lege den Jerseystoff für das RT und das Einfassband rechts auf rechts in den Bruch und schneide es zu. Stecke das Schnittteil des RT-Einfassbandes einlagig im Fadenlauf von der linken Stoffseite fest und schneide auch das zu.
Lege den Ärmelstoff rechts auf rechts. Schneide die Ärmel doppellagig im Fadenlauf zu. Setze in alle Teile nach dem Zuschnitt die Knipse (siehe Seite 23).
Lege den zugeschnittenen VT-Ausschnittbeleg auf die einfach liegende Bügeleinlage und schneide entlang der Schnittkante zu. Fixiere den Beleg und lass ihn glatt liegend gut auskühlen.

Nahtzugabe: 1 cm, Saum 1,5 cm

Nähen

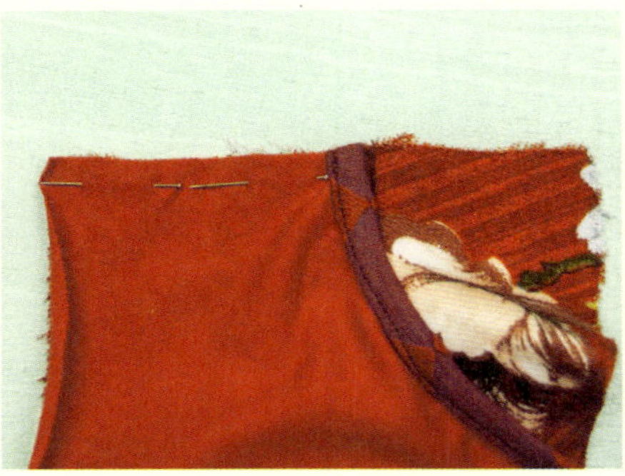

1 Markiere die Mitte des Belegstreifens und stecke ihn dann rechts auf rechts von der RM aus kantenbündig an die Halskante des RT. Dabei dehnst du den Streifen etwas und steckst ihn mit einigen Quernadeln fest. Je nach Dehnbarkeit des Materials kann an beiden Seiten etwas Länge überstehen. Achte darauf, dass auf beiden Seiten gleich viel Länge übersteht. Schließe die Naht mit Overlock. Bügele die Naht zusammen, dann in Richtung des Halslochs, der Einfassstreifen liegt ebenfalls in Richtung des Halslochs. Falte die andere Längskante des Belegs erst mit der Kante gegen die Ausschnittkante und dann noch einmal um die Naht und stecke sie von rechts im Nahtschatten fest. Steppe sie dann von rechts im Nahtschatten durch, achte hierbei darauf, dass du den Bruch auf der Rückseite kantig mitfasst. Schneide die überstehende Länge des Belegs im Verlauf der Schulternaht ab.

2 Nähe nun die Brustabnäher ins VT. Stecke jeweils die beiden zur Spitze verlaufenden Linien des Brustabnähers aufeinander. Beginne an der Seitennaht zu steppen und nähe zur Spitze hin immer schmaler, bis die Naht auf 0 ausläuft. Verriegele Nahtanfang und -ende. Bügele die Abnäher nach unten.

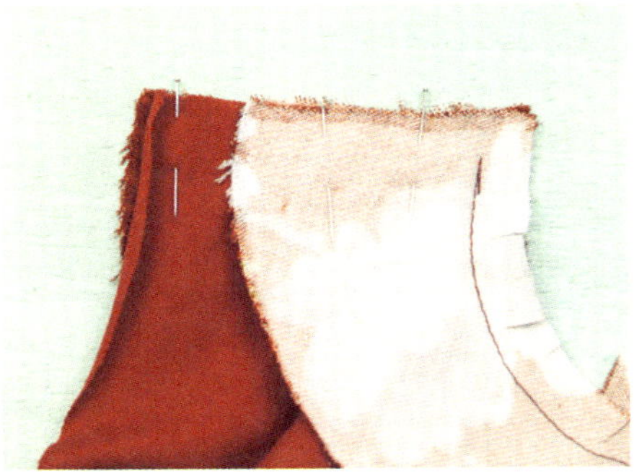

3 Lege den Halsbeleg fürs VT kantenbündig rechts auf rechts an der Halskante an. Stecke ihn unter Berücksichtigung der VM-Knipse fest. Steppe die Naht in der vorgegebenen Nahtbreite und bügele sie mit Dampf zusammen. Schneide die Naht auf 4 mm zurück und zwicke in den Rundungen ein (siehe Seite 27). Lege die Nahtzugabe in den Beleg und steppe sie knapp neben der Naht auf dem Beleg knappkantig zurück. Falte den Beleg ins Teil und bügele die Kante von links mit Dampf, sodass die Naht minimal zurückliegt. Lass den verstürzten Ausschnitt gut auskühlen. Falls noch nicht geschehen, versäubere die offene Schnittkante des Belegs mit der Overlock. Stecke von rechts in gleich bleibendem Abstand vom Ausschnitt mit Längsnadeln und steppe mithilfe des Kantenmagnets den Ausschnittbeleg fest.

4 Lege nun VT und RT rechts auf rechts und stecke die Schulternähte kantenbündig fest. Schlage den Beleg des VT stramm über die gesteckte Naht und stecke ihn fest. Du kannst die darunterliegenden Nadeln herausnehmen. Die RT-Schulternaht liegt jetzt quasi eingeklemmt zwischen VT und VT-Beleg. Beginne die Naht mit Steppstich an der Halsausschnittseite mit einem Riegel und schließe die Naht. Versäubere sie anschließend, bügele die Naht zusammen in Richtung des VT.

5 Stecke die Ärmel rechts auf rechts kantenbündig ins Armloch. Beginne mit dem Ärmelknips auf der Schulternaht und stecke nun unter Berücksichtigung der restlichen Knipse den Ärmel von der Ärmelseite aus mit Quernadeln ein. Schließe die Naht mit der Overlock und bügele sie anschließend erst zusammen, dann in den Ärmel.

6 Stecke anschließend die Seitennähte. Fixiere die Armlochnähte mit Stecknadeln aufeinander und lege die aufeinandertreffenden Nähte in entgegengesetzte Richtungen. Stecke von diesem Punkt aus unter Berücksichtigung der Knipse die Seitennaht nach oben und nach unten. Schließe die Naht und versäubere sie mit der Overlock. Bügele danach die Seitennähte erst zusammen, dann in Richtung des VT.

7 Jetzt fehlen nur noch die Säume: Bügele sie in der vorgegebenen Saumbreite um und stecke sie von der rechten Seite mit Quernadeln fest. Nähe mit der Zwillingsnadel und, wenn nötig, mit einem Kantenmagnet den Saum in vorgegebener Breite. Überlappe die Nähte am Anfang bzw. Ende jeweils um einige Zentimeter.

Applikationen, Verzierungen und Schriften

Lass Kleidung sprechen! Botschaften und Symbole sind feine Kommunikationsmittel, wenn du sie z.B. während einer digitalen Entzugskur anstatt in einem sozialen Netzwerk auf deinem neuen Shirt »postest«. Natürlich büßen sie durch den begrenzten Raum an Konversationskomplexität ein, dafür halten sie ewig. Hast du viele Worte, verwende die Buchstabenfunktion deines Computers. Bei einer Buchstabenhöhe von nur 6 mm kannst du ein wenig ausschweifen. Möchtest du dich auf dem Modell plakativ verewigen, wähle Stoffmalfarbe. Mit Applikationen aus Stoff hast du die Möglichkeit zum Mustermix.

Applikationen aus Stoff

Undone Applikation
Den Ausdruck »undone«, unfertig, habe ich aus dem Haarstyling gemopst! Es ist die einfachste Art der Applikation; ihre Kanten bleiben offen und unversäubert. Wie es gemacht wird, erfährst du beim Gute-Laune-Longsleeve ab Seite 62. Noch ein Hinweis: Bei Jersey rollen sich die Kanten ein, daher solltest du den Stoff mit dünner Einlage fixieren. Bei Fleece und Filz bleibt alles ganz akkurat liegen, da diese Materialien schnittfest sind.

Applikation mit eingeschlagener Kante
Wenn du es nicht ganz so shabby magst, kannst du die Ränder deiner Applikationen auch ordentlich umbügeln und schön umsticken. Wie du dabei vorgehst, kannst du bei dem Fleeceplaid ab Seite 132 nachlesen. Für eine schöne Handstichoptik sind die Applikationen der Decke mit einem maschinellen Festonstich umstickt. Du kannst die Motive aber auch knappkantig mit Steppstich aufnähen oder mit einem Zickzackstich umsticken. Hast du eine computergesteuerte Nähmaschine, wirst du dort viele dekorative Stiche finden. Entscheide selbst, ob die Garnfarbe Ton in Ton oder gekonnt kontrastierend sein soll.

Mit Stoffmalfarbe und Pinsel

Lieben wie gedruckt! Einem klassischen Aufdruck am nächsten kommst du mit Stoffmalfarben. Wie das geht, erfährst du beim Herzkissen auf Seite 122. Alternativ zu unserem »I love you«-Schriftzug kannst du in deinem Textverarbeitungsprogramm in einem Font deiner Wahl einen eigenen Schriftzug setzen und direkt auf die durchsichtige Klebefolie drucken. Du kannst zwischen Farben für helle oder dunkle Untergründe wählen. Hast du einen gemusterten Stoff, empfehlen sich Letztere. Hast du nur die Farbe für helle Materialien zur Hand, kannst du, wie beim Herzkissen gezeigt, einen weißen Untergrund darunter setzen, dann deckt sie auch, das ist nur etwas mehr Arbeit.

Mit computergesteuerter Buchstabenfunktion

Hier kommt die Zukunft! In computergesteuerten Nähmaschinen finden sich unendlich viele umwerfende Stichprogramme. Schnell und einfach zauberst du z.B. mit der W6 N5000 auf selbst genähte Teile oder fertig gekaufte Schätze geheime oder offensichtliche Botschaften. Dafür brauchst du festes Trägermaterial, z.B. Webstoff oder doppellagigen Jersey (wie etwa beim Saum eines T-Shirts), und stabiles Stickgarn in einer passenden oder kontrastierenden Farbe. Wenn du in Jerseystoffe einlagig sticken möchtest, fixiere die betreffende Stelle vorher mit einer dünnen Webeinlage.

Inspirationen zur Wortfindung

Namen: Sei es der eigene Name, der fortan einige oder die Gesamtheit deiner Kleidung ziert, oder möchtest du die Garderobe deines Kindes mal stilvoller als nur mit Kuli aufs Nackenlabel für die Kita rüsten – sticke Namen oder Initialen auf Säume, Ärmel und Kapuzen. Das Schöne ist, man darf es ruhig von außen sehen. Du kannst ersatzweise statt des Namens auch einfach einen Tiernamen wie z.B. »Bienchen« auf die Kinderteile sticken. Beim Wiederverkauf auf dem Flohmarkt kommt das sicher gut an.

Verweise auf Souvenirs: Auf ein selbst genähtes, »upgecyceltes« Stück könntest du einen scherzhaften Hinweis auf die Herkunft sticken wie ich es beim Rock aus Tante Margaretes Vorhang (siehe Seite 112) gemacht habe: »Curtains up for Margarete's curtains« ist ein Satz mit Humor und eine Gedächtnisstütze zugleich.

Dem Modell aus der Seele sprechen: Auf eine Tasche gestickt, bringt ein Statement wie »Carry me home« dich oder die Beschenkte zum Schmunzeln, wenn die schöne Tasche mal wieder voll beladen an den Schultern zerrt.

Widmung: Diesen Rock habe ich nur für dich genäht – »For my best friend« kann verborgen oder offensichtlich immer wieder an den Wert einer Freundschaft erinnern!

Trau dich zu fragen: Die Frage aller Fragen »Will you marry me?« in den Saum einer Boxershorts gestickt und freundlich nach dem Duschen bereitgelegt! Oder etwa auf deine Bluse, die du beim gemeinsamen Candle-Light-Dinner trägst – bei dieser wundervollen Überraschung wäre ich gerne Mäuschen!

I LOVE YOU

Herzkissen

Dein Herz zu verschenken, ohne es dabei zu verlieren, ist mit diesem Kissen ganz einfach. Mit oder ohne Botschaft, ein solches Präsent spricht eine deutliche Sprache: Hier wird Liebe geschenkt. Dekorativ und gemütlich ist das hübsche Kissen noch obendrein, und so wird es dich oder den Beschenkten mit Sicherheit eine lange Zeit über erfreuen.

Was du dafür brauchst

- Gepunkteter Baumwollstoff, 40 cm (bei 140 cm Stoffbreite)
- Karierter Baumwollstoff, 40 cm (bei 140 cm Stoffbreite)
- Dünner, unifarbener Baumwollstoff als Futter, 40 cm (bei 140 cm Stoffbreite)
- Bommelborte, 100 cm lang
- Füllwatte
- Stoffmalfarbe
- Selbstklebende Folie in A4-Format
- Cutter
- Borstenpinsel
- Passendes Nähgarn
- Handwerkszeug

Tipp

Möchtest du mit Stoffmalfarbe eine Botschaft aufbringen, verwende einen dezent gemusterten oder einfarbigen Stoff für die Oberseite.

Herzkissen

Zuschneiden

Kopiere dir den Schnitt aus dem Schnittmusterbogen E auf Papier und schneide ihn aus.
Lege die beiden Oberstoffe für das Kissen jeweils rechts auf rechts in den Bruch. Stecke den Schnitt im Fadenlauf fest und schneide zu.
Lege den Futterstoff rechts auf rechts in den Bruch und stecke die zugeschnittenen Herzen im Fadenlauf auf. Schneide den Futterstoff zu.

Nahtzugabe: 1 cm

Nähen

1 Wenn du unseren »I love you«-Schriftzug verwenden möchtest, zeichne die Vorlage vom Schnittmusterbogen E mit einem feinen Filzstift auf Transparentpapier durch. Kopiere den Schriftzug auf die Klebefolie. Schneide den Schriftzug mit einem Cutter sorgfältig aus. Hebe den inneren Teil des O auf, denn du brauchst ihn gleich noch. Ziehe das Schutzpapier ab und positioniere die Folie auf der rechten Stoffseite der gewünschten Herzseite. Klebe auch das Innenteil des O wieder in den Buchstaben. Nun trägst du vorsichtig mit dem Borstenpinsel die Farbe auf. Führe den Pinsel von außen nach innen über die Kante. Damit die rote Farbe gut deckt, haben wir zunächst einen weißen Untergrund gesetzt. Diesen gut trocknen lassen, dann kann er übermalt werden. Trage die Farbe, wenn nötig, mehrfach auf, bis dir der Schriftzug deckend genug erscheint. Lass die Farbe gut trocknen, ziehe dann die Folie ab und fixiere zum Schluss die Schrift mit einem Bügeleisen von der linken Stoffseite, wie auf der Verpackung beschrieben.

2 Stecke je ein Herz aus Oberstoff auf ein Herz aus Futterstoff, sodass die rechte Stoffseite nach außen zeigt. Steppe die beiden Lagen rundum füßchenbreit aufeinander. So kann sich später nichts verschieben, wenn du mit dem Verstürzen beginnst.

3 Stecke die Borte rundum kantenbündig mit Quernadeln an ein Herzteil. Die Bommeln zeigen ins Innere des Herzens. Beginne und ende mit dem Stecken an der oberen Herzvertiefung. Schlage die Bortenenden dort zweimal wenige Millimeter breit um. An der unteren Herzspitze gibst du etwas Weite zu und faltest diese in die Ecke, da die Borte, wenn sie außen liegt, mehr Länge braucht, um glatt zu liegen. Steppe nun die Borte rundum füßchenbreit auf das Herz.

4 Lege das mit Borte versehene Herz rechts auf rechts auf das Gegenstück. Stecke die Kanten bündig mit Quernadeln aufeinander. Beginne mit der Naht ein paar Zentimeter vor der unteren Herzspitze, verriegele nicht. Nähe innerhalb der vorhandenen Stepplinien, damit diese verschwinden, in 1 cm Nahtbreite um das Herz. Lass am Nahtende eine Wendeöffnung von 7 cm, verriegele nicht. Bügele die Nähte einmal mit Dampf.

5 Nun kannst du das Herz beschneiden. Kürze die Nahtzugabe auf 5 mm. Schneide aus den Außenrundungen kleine Ecken heraus (siehe Seite 27), flache die Spitze ab und knipse zwischen den Rundungen oben gerade ein. Achte darauf, dass du immer einen Abstand von 2 mm zur Naht hältst! Schneide nicht in die Borte, da diese sich sonst auflöst.

6 Wende das Herz auf rechts und bringe die Naht auf Kante. Die Borte hilft dir dabei, du kannst einfach daran ziehen. Bügele die Kante mit Dampf flach. Die eingeschlagenen Kanten der Wendeöffnung liegen nun genau aufeinander im Verlauf der Herzkontur.

7 Stopfe das Herz gut mit Watte aus und versuche dabei in jeden kleinen Winkel zu kommen. Schließe die Wendeöffnung unsichtbar von Hand. Schließe auch die Lücke zwischen den beiden Herzbogen mit Handstichen und befestige die kleinen Einschlag-Umschlag-Säume der Bortenenden mit wenigen Stichen.

Was du dafür brauchst

- Webstoff, 30 cm (bei 140 cm Stoffbreite)
- Rest passende Bügeleinlage
- Schrägband, 100 cm lang, oder Baumwollstoff zum Selbstherstellen des Schrägbands, 100 cm (bei 140 cm Stoffbreite)
- Verschiedene Knöpfe
- Passendes Nähgarn
- Handwerkszeug

Peter-Pan-Kragen

Das allerbeste Accessoire für einen Ausflug nach Nimmerland! Hierzulande Bubikragen genannt, spukt dieser seit den 1920er-Jahren als charmantes Detail durch die Damenmode. Wenn du anstatt in der Bubibluse lieber im T-Shirt glänzen möchtest, nähe dir unseren Bubikragen und verleihe deinem Outfit eine Prise mädchenhafter Strenge!

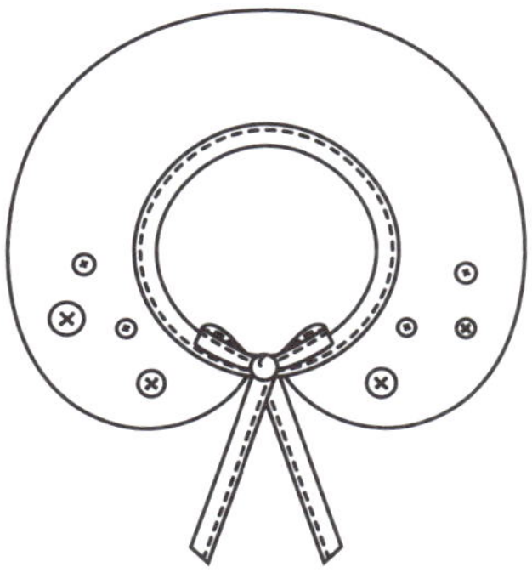

Zuschneiden

Kopiere dir die 2 Schnittteile aus dem Schnittmusterbogen C auf Papier und schneide sie aus.
Lege den Webstoff rechts auf rechts, stecke den Schnitt für den Kragen fest und schneide doppellagig zu. Setze die Knipse (siehe Seite 23). Lege die zugeschnittenen Teile auf die doppelt liegende Bügeleinlage und schneide zu. Bebügele anschließend beide Kragenhälften mit der Einlage.
Stecke den Schnitt für das Schrägband auf der linken Seite des Baumwollstoffs im schrägen Fadenlauf (siehe Seite 22) fest und schneide zu.

Nahtzugabe: 1 cm

Nähen

1 Bügele die Kanten des Schrägstreifens sorgfältig von beiden Seiten zur Mitte, sodass sie sich dort treffen. Bügele dann einen Mittelbruch in den Streifen, damit die eingeschlagenen Kanten aufeinanderliegen. Schon ist dein selbst gemachtes Schrägband fertig!

2 Stecke die beiden Kragenteile rechts auf rechts und steppe sie entlang der Außenrundung füßchenbreit mit einem kleinen Steppstich zusammen. Damit die Naht später gut liegt, beschneide die Nahtzugabe (siehe Seite 27).

3 Jetzt kannst du den Kragen wenden. Lege ihn dir dann auf dem Bügelbrett zurecht und ziehe die Naht schön auf Kante. Wenn nötig, nimm eine Stecknadel zu Hilfe. Bügele die Kante dann vorsichtig mit Dampf fest und anschließend den Kragen flach.

4 Markiere dir die Hälfte des Bandes und beginne mit dem Stecken in der RM des Kragens. Stecke das Band entlang der Kante mit Längsnadeln und achte darauf, dass die Nahtzugabe des Kragens schön im Bruch des Schrägbandes liegt. Versichere dich, dass du auf der anderen Seite die Schrägbandkante ausreichend mitfasst, damit sie beim Nähen nicht wegrutscht. Stecke über die Kragenkante hinaus bis zum Ende des Schrägbandes.

5 Steppe nun das Einfassband knappkantig ab und achte dabei gut darauf, dass du auch die Rückseite mitfasst. Verriegele am Anfang und Ende. Der Kragen liegt nun sauber im Band, du kannst den Heftfaden lösen. Schneide die Bänder auf Wunschlänge ab und mache einen Knoten in die Enden.

6 Verziere deinen Kragen mit Knöpfen. Ich habe von jedem Knopf mindestens zwei verwendet, damit die beiden Kragenseiten symmetrisch werden.

Hängematte

Eine Hängematte ist ein stoffgewordener Schwebezustand. Wie ein tragbares Bett kannst du sie überall anbringen, wo zwei Bäume stehen. Zusammengelegt passt sie in jeden Rucksack. Selbst sie zu nähen ist keine Kunst. Das hier gezeigte Modell enthält eine Wendefunktion und beherbergt so zwei Hängematten in einer. Probiere es aus und lass die Seele baumeln!

Was du dafür brauchst

- Fester gepunkteter Baumwollstoff, 300 cm (bei 140 cm Stoffbreite)
- Fester karierter Baumwollstoff, 300 cm (bei 140 cm Stoffbreite)
- Baumwollseil, ø 8 mm, mindestens 600 cm lang
- 4 große Karabinerhaken
- Feuerzeug
- Passendes Nähgarn
- Handwerkszeug

Tipp

Du kannst die Hängematte auch aus nur einem Stoff, also ohne Futter nähen, wenn dieser fest genug und durchgefärbt ist (siehe auch Schritt 2). Unsere Hängematte ist nach dem Nähen etwa 280 × 137 cm groß. Dieses Maß ergibt eine komfortable Hängematte, in der du auch mal mit zwei kleineren Kindern liegen kannst.

Hängematte

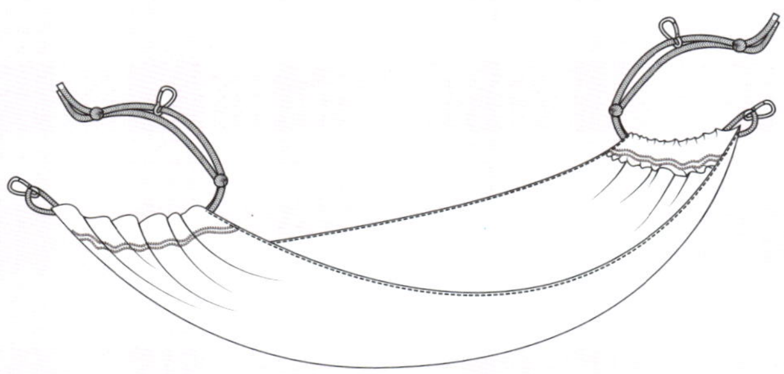

Zuschneiden

Die Stoffe musst du nicht weiter zuschneiden, es sei denn, die Stoffbreiten sind unterschiedlich. In diesem Falle kannst du dich nach dem schmaleren Material richten und nach dem Nähen der Seitennähte die Nahtzugaben zurückschneiden. Schneide das Seil in zwei Hälften und versiegele die Enden mit einem Feuerzeug.

Nahtzugabe: 1 cm

Nähen

1 Lege die beiden Stoffe rechts auf rechts und achte darauf, dass sie überall glatt liegen. Mach das eventuell auf dem Fußboden, wenn dein Tisch nicht groß genug ist. Stecke die langen Seitennähte mit Quernadeln fest. Steppe die Nähte so breit, dass die Webrandkanten verschwinden, also 1–2 cm. Halte die Nahtbreite konstant und verwende, wenn nötig, einen Kantenmagnet. Bügele die Nähte auseinander und wende den entstandenen Schlauch auf rechts.

2 Bügele die Nähte schön auf Kante und steppe die Kanten von rechts füßchenbreit fest. Bügele die Kanten und die beiden Lagen der Hängematte noch einmal glatt aufeinander. Wenn du eine einlagige Hängematte arbeitest, nähe einen Einschlag-Umschlag-Saum an den beiden langen Seiten. Bügele dafür die Längskanten 1 cm breit um und schlage die umgebügelte Kante nochmals 1 cm breit um. Stecke die Säume fest und fixiere sie knappkantig.

3 Nun kannst du die Tunnel für die Seile vorbereiten: Bügele von der Liegeseite aus an den kurzen Seiten je 1 cm Nahtzugabe um und schräge die Ecken der Nahtzugabe ab. Markiere dir die Tunnelbreite von 9 cm auf beiden Seiten, nimm ein Handmaß zu Hilfe. Schlage die Seiten markierungsgemäß ein.

4 Stecke die entstandenen Tunnel auf der Kante fest und steppe sie zuerst knappkantig fest; verriegele Anfang und Ende der Naht gut. Steppe dann vier bis acht weitere Nähte parallel dazu in je füßchenbreitem Abstand. Das erhöht die Stabilität der Tunnel und ist außerdem ein hübsches Detail. Wechsle dazu die Stichart. Wenn deine Nähmaschine Zierstiche hat, verwende diese, wenn nicht, wechsle zwischen Zickzack- und Steppstich. Wenn dein Stoff einfarbig ist, kannst du die verschiedenen Nahtreihen auch in unterschiedlichen Farben nähen.

5 Der Rest ist nur noch ein bisschen Knotarbeit: Lege ein Seilstück auf die Hälfte. Fädele in den Umbruch einen Karabinerhaken. Knüpfe in 40 cm Abstand vom Umbruch einen Knoten in das nun zweifache Seil. Ziehe das Seil mit dem Karabinerhaken durch den Tunnel und hake den Karabiner oberhalb des Knotens ein. Fädele den zweiten Karabinerhaken in das Seilende ein und knote die beiden offenen Enden zusammen. Wiederhole das Ganze für die andere Seite der Hängematte.

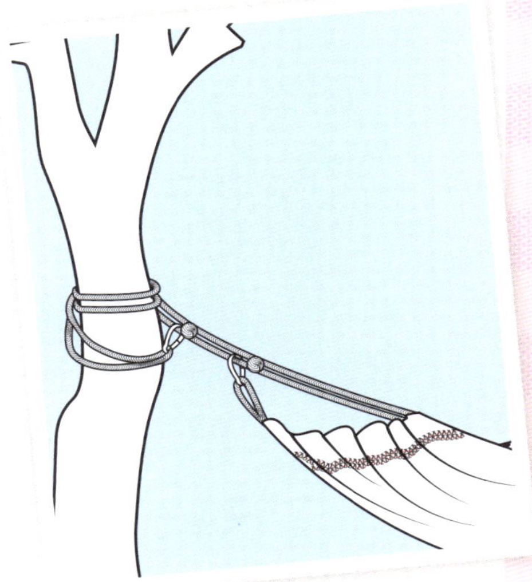

6 Nun musst du nur noch das Seil in ca. 1 m Höhe mehrfach um einen Baum oder eine andere stabile Halterung schlingen und mit dem Karabinerhaken an sich selbst festhaken. Braucht der Karabiner mehr Halt, mach noch einen Knoten, in den du ihn einhakst. Spanne die Hängematte stramm und befestige das andere Seil auf die gleiche Art auf der gegenüberliegenden Seite. Versichere dich, dass die Befestigung nicht abrutscht, bevor du die Seele baumeln lässt!

Aufgepasst

Stabile Wände, Holzbalken oder kräftiges Mauerwerk sind Voraussetzung für die Indoor-Nutzung von Hängematten. Im Freien solltest du dir zwei Bäume mit stabilem Stamm suchen. Befestige die Hängematte nicht zu hoch und achte darauf, dass der Untergrund weich ist. Lass Kleinkinder nicht unbeaufsichtigt in der Hängematte. Die Hängematte ist kein Kinderspielzeug oder Ort, um ein Baby abzulegen!

Fleeceplaid mit Rosenapplikation

Für dich soll's bunte Rosen regnen, denn die sind von allen Motiven meine liebsten! Ob im Stoffdruck, als Stickerei oder als Applikation, die Rose versprüht von Romantik über Nostalgie bis hin zu purer Schönheit einfach alles, was man sich wünschen kann. Das überdimensionale Rosenmotiv auf unserer Fleecedecke ist inspiriert von naiven Formen der 1950er-Jahre. Durch die scheinbar mühelose Kombination verschiedenster Stoffmuster entsteht ein moderner Patchworkcharakter.

Was du dafür brauchst

- Fleecestoff, 200 cm (bei 140 cm Stoffbreite)
- Passende Stoffreste von 6 verschiedenen Stoffen
- Sehr feine Bügeleinlage, 100 cm lang, 90 cm breit
- Passendes Nähgarn
- Handwerkszeug

Tipp

Binde dir ein schönes Band um die gerollte Decke. So hält sie gut zusammen – und du brauchst nicht einmal eine Verpackung, falls du sie verschenken willst!

Fleeceplaid mit Rosenapplikation

Zuschneiden

Das Fleecestück für diese Decke hat die Maße 200 × 120 cm. Du kannst es natürlich auch in 140 cm Stoffbreite lassen, dann musst du nicht weiter zuschneiden.
Kopiere dir das Schnittteil für die Bogenkante aus dem Schnittmusterbogen C auf Papier und schneide es aus (zum Kantenbeschnitt siehe Nähen, Schritt 1 und 2).

1 Kopiere die Rosenapplikation aus den Schnittmusterbogen B und C auf einen großen Bogen Papier. Kennzeichne die einzelnen Teile vor dem Ausschneiden mit Nummern, sodass du später die ungefähre Reihenfolge zuordnen kannst. Schneide das eigentliche Motiv so aus, dass die Negativschablone erhalten bleibt.

2 Stecke die Negativschablone mittig auf die rechte Seite des Fleecestoffes. Zeichne mit einer gespitzten Schneiderkreide das Motiv entlang der Kanten auf. Überlege dir, aus welchem Stoffrest welches Blatt werden soll. Lege die Stoffe nebeneinander und finde heraus, welche Kombination dir am besten gefällt. Bebügele den Applikationsstoff mit einer dünnen Fixiereinlage.

3 Stecke das Motiv von der linken Seite auf deinen Stoff, der Fadenlauf spielt keine Rolle. Schneide mit 0,7 – 1 cm Nahtzugabe zu. Beschneide die Rundungen der Nahtzugaben vorab wie auf Seite 27 beschrieben.

Nähen

1 Bringe zuerst die Kanten des Fleecestoffes in Form: Die kurzen Kanten sind mit einem Fransenmuster beschnitten. Kennzeichne dafür die Tiefe der späteren Fransen mit einer parallelen Linie zur Schnittkante; hier im Modell sind es 7 cm bei 1 cm Fransenbreite. Die Einschnitte setzt du frei Hand, zu Hilfe kommt dir ein Handmaß, wenn das Augenmaß nicht reicht. Schneide mit ruhiger Hand.

2 Zeichne dir an den Längskanten die Bogen mit dem Schnittteil an. Hast du dieses erste Stück ausgeschnitten, klappst du es um, legst es gerade und schneidest entlang der ausgeschnittenen Bogen weiter. Danach klappst du wieder um und schneidest erneut, bis deine Kante komplett beschnitten ist.

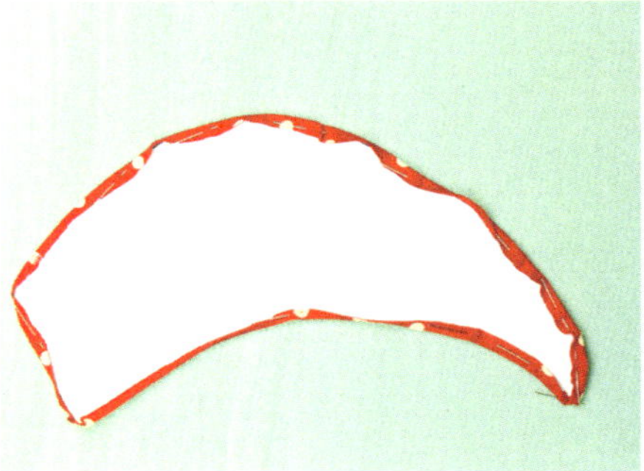

3 Lass deinen Papierschnitt auf dem Schnittteil stecken, während du von der linken Stoffseite die Nahtzugabe entlang der Papierkante umbügelst. Wenn sich das als sehr schwierig erweist, stecke die Nahtzugabe mithilfe von Stecknadeln um und bügele sie mit Dampf fest. Lass das vorgebügelte Teil gut auskühlen.

4 Entferne Nadeln und Papierschnitt. Stecke deine Applikation mit Quernadeln flach und ohne Falten von rechts auf die gewünschte Position auf dem Trägermaterial.

5 Nun wählst du den passenden Stich aus. Die Applikationen hier sind mit einem maschinellen Festonstich umstickt, so bekommen sie eine schöne Handstichoptik (weitere Tipps zu Stichen findest du auf Seite 121). Arbeite ein Blatt nach dem anderen und bügele nach jedem aufgenähten Teil dein Werkstück mit Dampf glatt. Schneide am Ende alle Fäden sauber ab und dämpfe noch mal das ganze Zauberwerk.

Tipp

Wenn du besonders geübt bist, ist die Applikation auch ohne Einlage machbar, wie in unserem Beispiel.

Hula-Hoop-Reifen im Stoffmantel

Wenn Erwachsene von Hula-Hoop sprechen, sagen sie immer: »Das konnte ich auch mal!« Doch warum in der Vergangenheit schwelgen? Es ist wirklich ganz einfach! Kinder kreiseln ohne Scheu gleich los und in jungen Metropolen wirbeln die Reifen zu Elektroswing in angesagten Clubs. Der Hoop ist wieder hot! Wir nähen ihm ein Kleid. Aber hier geht es nicht nur um den Hoop-Überzug aus Stoff, auch die Anleitung für den flotten Reifen gibt es mit dazu.

Was du dafür brauchst

Für den Überzug

- Stoffreste oder elastischer Stoff, 20 cm (bei 140 cm Stoffbreite)
- Sicherheitsnadel
- Passendes Nähgarn
- Handwerkszeug

Was du dafür brauchst

Für den Reifen

- PE-Rohr (über Hula-Hoop-Versand) oder Kaltwasserrohr (vom Baumarkt), ø 2,5 cm, ca. 3 m lang
- Passende Verbinder (über Hula-Hoop-Versand) oder geriffeltes Rundholz (vom Baumarkt), ca. ø 2,3 cm, 6 cm lang
- Schleifpapier
- Laubsäge oder Rundzange
- Heftpflaster oder Isolierband

Hula-Hoop-Reifen im Stoffmantel

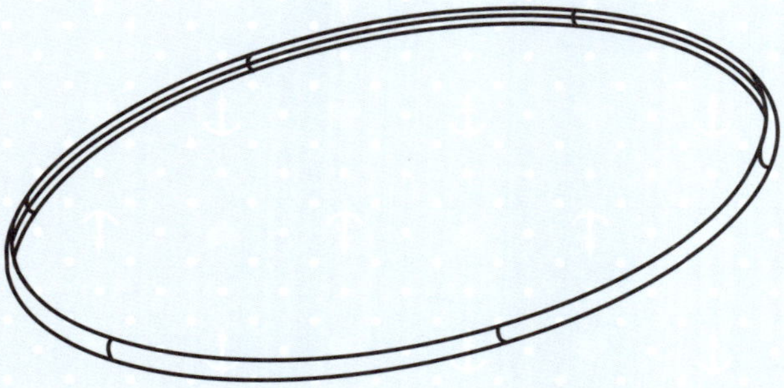

Zuschneiden

Der Zuschnitt des Überzugs ist ein bisschen Gefühlssache und hängt davon ab, wie elastisch dein Stoff ist. Der Schlauch muss später ganz eng sitzen und gespannt sein. Mach also vorher eine kleine Anprobe, indem du ca. 20 cm Reifen eng mit Stoff und Stecknadeln umsteckst. Markiere dir die Weite und addiere deine Nahtzugabe dazu.
Für das 2,5 cm breite Tubing hier im Modell haben die Stoffstücke eine Breite von 6 cm (inklusive Nahtzugabe). Zu Anfang war der Schlauch 3 m lang. Trotzdem musste ich später noch 10 cm der Schlauchlänge kürzen, dieses Maß kann je nach Dehnbarkeit deines Materials variieren. Das fällt aber nur auf, wenn der Überzug aus gleich großen Stoffstücken zusammengenäht wird. Daher rate ich zu absichtlicher Unregelmäßigkeit beim Zuschneiden. Der Fadenlauf verläuft mit dem Hoop.

Nahtzugabe: 0,7 cm

Reifen bauen

1 Dein Hula-Hoop sollte dir in etwa bis zum Bauchnabel gehen. Messe diese Höhe aus (sie ist dein Reifendurchmesser) und berechne dann den Umfang deines Reifens mithilfe der Kreisformel (π × Bauchnabelhöhe). Achtung: Je größer der Ring ist, desto mehr Zeit hat er zu kreisen, das Hoopen fühlt sich also einfacher an. Ich empfehle für den Anfang einen Reifen mit drei Metern Umfang, das ist ein guter Einstieg.

2 Wenn du das »Tubing«, so nennt man das PE-Rohr, in einem Hula-Hoop-Versand bestellst, bekommst du es in deiner Wunschlänge zurechtgeschnitten geliefert. Falls du Kaltwasserrohr im Baumarkt kaufst, liegt die Mindestabnahmemenge bei fünf oder mehr Metern. Daher musst du es mit einer Laubsäge oder Rundzange auf die benötigte Länge kürzen. Schmirgele die Enden mit etwas Schleifpapier glatt.

3 Schließe das Rohr mit dem Verbinder zu deinem Hoop. Du kannst den Verbindungspfropfen auch selbst basteln: Säge ein Stück von einem geriffelten Rundstab 6 cm lang ab. Teste vorher, welche Stärke gut in deinem Rohr feststeckt. Ist der Pfropfen zu dick, schleife ihn rundum ab. Etwas Heftpflaster oder Isolierband um das Holz gewickelt sorgt außerdem für guten Halt.

Nähen

1 Wenn du deinen Überzug aus aneinandergenähten, also gepatchten Stoffen machst, stecke die Teile in der gewünschten Reihenfolge kantenbündig rechts auf rechts und schließe zuerst die kurzen Nähte.

2 Stecke dann die kurzen Nähte aufeinander. Lege dabei die Nahtzugaben in entgegengesetzte Richtungen. Stecke die offene Längskante nach Bedarf vor und schließe sie mit Overlock.

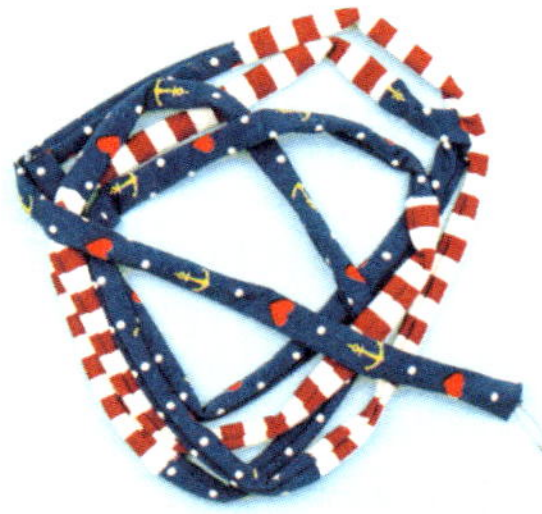

3 Wende den Schlauch mithilfe einer Sicherheitsnadel auf rechts. Bügeln kannst du dir ausnahmsweise sparen.

4 Ziehe den Schlauch über das Tubing und bringe ihn auf Zug. Wenn nötig, schneide überschüssige Länge ab. Achte darauf, dass der Schlauch sich nicht verdreht und die Naht immer auf der gleichen Stelle am Ring sitzt. Verbinde die Tubing-Enden zum Ring.

5 Schlage die Nahtzugaben beider Schlauchenden nach innen um und lass die entstehenden Kanten aneinanderstoßen. Schließe die Naht sorgfältig mit unsichtbaren kleinen Handstichen und doppeltem Nähgarn. Wenn du Muße hast, nähe ruhig ein zweites Mal herum, da diese Naht besonderer Belastung ausgesetzt ist.

Tipp

Sorge für einen Spezialeffekt bei deinen Vorführungen und nähe dir ein Kleid aus dem gleichen Stoff! Halte stets Abstand zu deinen Mitmenschen, der Reifen ist sehr schwer und wird zum gefährlichen Geschoss, wenn er erst mal in Fahrt kommt.

Marke »Eigenmarke«

Wenn du dir die Seele aus dem Leib schneiderst, soll dein genähtes Stück am Ende auch so professionell aussehen, dass es dem Markenteil aus dem Laden um nichts nachsteht. In erster Linie brauchst du dafür schöne Jacquardbänder (das sind die mit dem durchgewebten Muster). Im besten Falle harmonieren sie mit der Farbe und dem Muster des Stoffes, den du damit kombinieren möchtest. Du kannst hübsche alte Bänder mit etwas Glück auch auf dem Flohmarkt oder beim Trödler finden. Jetzt musst du dich nur noch entscheiden, ob du ein Necktape arbeiten möchtest oder ein Flag Label.

Necktape

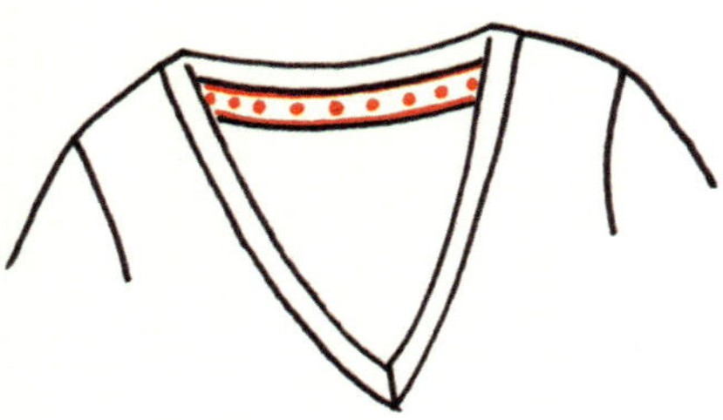

Necktapes sind eine dekorative Möglichkeit, die sonst im Nacken sichtbare Halsblendennahtzugabe deines Jerseyteils zu verdecken. Die Voraussetzung für ein Necktape ist, dass dein Teil eine angesetzte Halsblende hat, es eignet sich also nur für Jerseyoberteile. Das Band sollte schön weich sein und am besten aus Baumwolle, da du es im Nacken tragen wirst und es sonst kratzt.

1 Schneide das Jacquardband zu und markiere die Mitte. Die richtige Länge kannst du ermitteln, indem du zur RT-Halslochweite 4 cm Nahtzugabe dazurechnest. Dressiere (siehe Seite 29) das Necktape mit Dampf in Halslochform. Für den nächsten Arbeitsgang ist die Blende ins Teil geklappt und liegt wieder so, wie du sie eingesteppt hast. Beginne mit der markierten Mitte des Bandes an der RM.

2 Stecke nun die innere, kürzere Kante des Necktapes so, dass sie deine Naht am Halsausschnitt verdeckt. Klappe die Enden des Bandes so ein, dass sie die Schulternaht knappkantig ins VT überlappen. Steppe das Band an der inneren Kante knappkantig auf und verriegele an den Enden.

3 Klappe die Blende heraus und bügele Halsausschnitt und Band aufeinander glatt. Stecke die innere Kante und die Enden des Bandes glatt auf RT und Schulternaht fest. Achte darauf, dass keine Falten entstehen, wenn du das Band im Teil feststeppst. Beginne dann an der kurzen Seite des Bandes mit einem Riegel, steppe wieder knappkantig. Nähe so den Rest der Kante fest und verriegele wieder am Ende. Dein Necktape ist nun fertig. Zum Abschluss bügele nochmals mit Dampf.

Flag Label

Ein Flag Label sitzt, wie sein Name verrät, gleich einer Flagge zwischen einer Naht und wird in der Nahtzugabe mitgefasst. Die Breite deines Jacquardbandes ist im Prinzip egal, es können sogar 5 cm sein, wenn dir das gefällt. Auch wie weit es herausschauen soll und auf welcher Höhe der Naht du es mitfassen möchtest, kannst du selbst bestimmen. Wir zeigen das Einnähen hier am Beispiel eines Shirts.

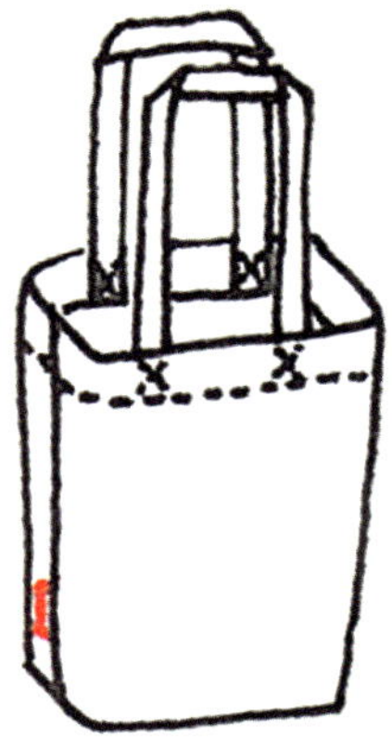

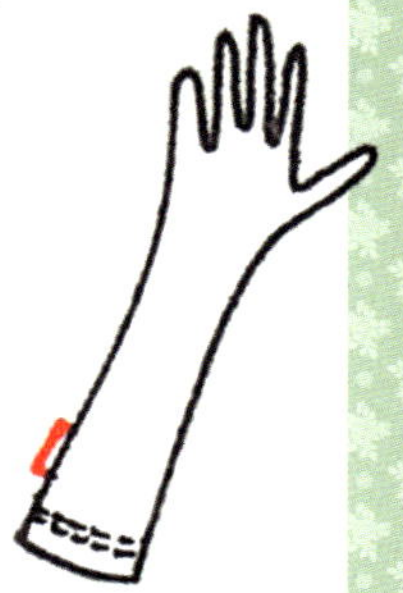

1 Schneide für das Flag Label ein 3,5 cm langes Stück von deinem Jacquardband ab. Bügele es im Bruch auf die Hälfte, sodass die Schnittkanten aufeinanderliegen.

2 Lege das gefaltete Band mit dem Bruch nach innen kantenbündig an die linke Nahtzugabe des RT der Seitennaht mit ca. 7 cm Abstand zur späteren Saumumbruchkante an.

3 Steppe das doppelt liegende Band mit 5 mm Abstand zur Kante auf der Nahtzugabe fest. Verriegele Anfang und Ende der Naht. Nähe das Shirt nun ganz normal weiter, dein Label wird am Ende knapp 1 cm aus der Seitennaht hervorschauen.

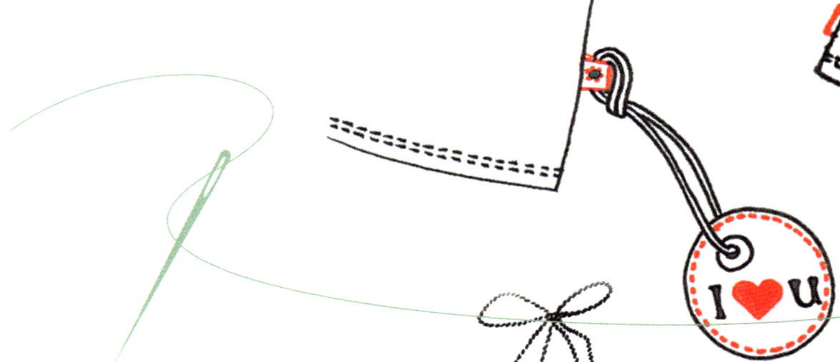

Hangtags

Um den kommerziellen Charakter zu vollenden, kannst du für selbst genähte Geschenke noch ein Grußkärtchen, ein sogenanntes Hangtag, basteln. Als Material eignet sich Geschenkpapier oder Stoff, den du mit Packpapier verklebst. So hast du eine hübsche Schauseite und eine zum Schreiben.

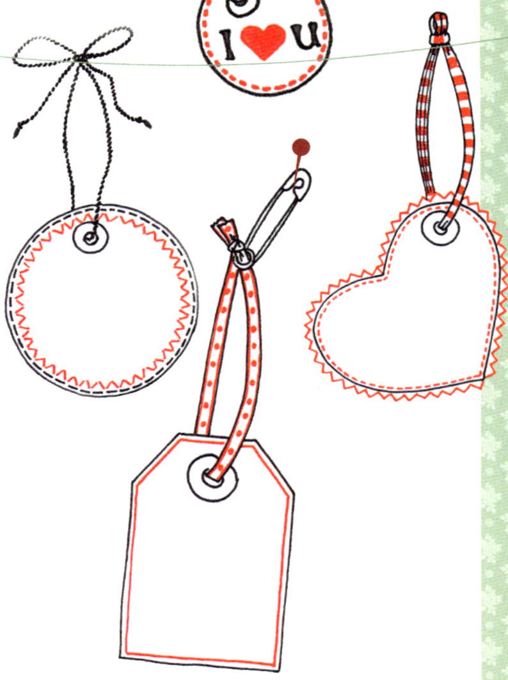

1 Klebe beispielsweise einen Stoffrest des Teils, das du verschenken möchtest, auf Packpapier. Denke dir eine passende Form aus und schneide sie aus (gern auch mit einer Zackenschere). Bei akuter Einfallslosigkeit geht immer ein Rechteck oder du zeichnest mithilfe eines Marmeladenglases einen Kreis.

2 Stanze mit dem Locher ein Loch in dein Hangtag. Wenn du willst, sichere das Loch mit einem Lochaufkleber aus dem Bürobedarf.

3 Steppe mit einem schönen Faden in einer passenden Farbe rund um das Hangtag. Dann ist es Zeit für die Beschriftung, die ganz deiner Fantasie überlassen bleibt.

4 Schneide nun ein ca. 20 cm langes Stück schmales Band zu. Alternativ gehen Wolle oder ein dünner Streifen Stoff. Fädele das Band durch das Loch und durch eine Sicherheitsnadel und knote die Enden zusammen. Jetzt kannst du das Hangtag an deinem Teil befestigen.

Über die Autorin

Die Modedesignerin Karin Ziegler absolvierte ihre Lehre im Schneiderhandwerk bei einer strengen, aber gerechten Damenschneidermeisterin in Friedrichshafen am Bodensee. Ihr Gesellenjahr verbrachte sie bei einer Modedesignerin, die ihr beibrachte, dass es noch etwas anderes in der Welt der Mode gibt als den goldenen Boden des Damenscheiderhandwerks. Sie lernte, auf Stecknadeln und Heftstiche zu verzichten und beherzt ins Pedal zu treten. Danach war sie reif für die Staatliche Modeschule in Stuttgart, wo sie während ihres Studiums begann, mit Schnitten zu experimentieren und die Freiheit des Geistes auf ihre Entwürfe zu übertragen. Im damals noch recht jungen Designteam von HUGO/HUGO BOSS fand sie als Preisträgerin des Designwettbewerbs ihre erste Stelle und verbrachte zwei wunderbare Jahre in der Welt der Luxusmode. Trotz der schönen Zeit oder vielleicht gerade, weil sie sich dadurch umso mehr nach einer anderen, fantasievollen Mode sehnte, setzte sie in noch jungen Jahren ihren übergeordneten Lebensplan um: gemeinsam mit anderen eine eigene Modemarke zu gründen. Seit 2001 bietet sie mit ihrer Mode- und Lifestyle-Marke Blutsgeschwister dem modischen Einheitsbrei die Stirn. Mit ihren einzigartigen Stoff- und Farbkombinationen und den stets unverwechselbaren Schnitten erzählt sie in ihren Kollektionen zauberhafte Geschichten für urbane Individualisten und kreative Persönlichkeiten, in jedem Fall: für Seelenverwandte. Karin Ziegler lebt mit Mann und zwei Töchtern in Berlin.

Dank an

Tilo, Merle und Milla, die mich mit viel Liebe, Geduld und Neugierde inspiriert und motiviert haben,
Susanne, die in liebevoller Feinarbeit all die schönen Schnitte entwickelt hat,
Rahel, die mir unermüdlich mit all ihren Fähigkeiten zur Seite stand und bei der Umsetzung der Nähprojekte und Fotoarbeiten eine große Rolle übernommen hat,
Elli, deren Skizzen die Modelle erst sichtbar gemacht haben,
Katrin, die uns Starthilfe gegeben und aus einer Teeküche ein Fotostudio gezaubert hat,
die fabelhafte Nähmaschinenmarke Wertarbeit, die uns für dieses Projekt zwei tolle Nähmaschinen zur Verfügung gestellt und somit unseren Maschinenpark aufs Positivste aufgefrischt hat,
alle Blutsgeschwister-Mitarbeiter, die mir durch ihr Verständnis und Engagement den Rücken frei gehalten und es mir so ermöglicht haben, neben dem Alltagsgeschäft ein so tolles Buch entstehen zu lassen,
Oma Ursula und Opa Oswald für zahlreiche Babysitter-Hilfseinsätze,
Mona und Oranna für ihre Schönheit und gute Laune beim Fotoshooting,
Ulrich und Kosta für ihre professionelle und kunstvolle Arbeit.

Ganz herzlichen Dank richte ich an den DK Verlag und seine freundlichen und engagierten Mitarbeiter, die mich ermutigt und dabei unterstützt haben, dieses Buch zu schreiben: Es war mir ein Vergnügen.

Fotografie
Alle Fotos von Ulrich Hartmann, außer:
Material- und Stepbilder
Blutsgeschwister GmbH
Bilder S. 8 (außer Maßband, Zuschneideschere), 9 (außer Kantenmagnet, Handmaß), 13 (Maschinennadeln), 20 links, 21, 22 links, 22 rechts, 23, 24 links, 28 rechts
DK Verlag
Bilder S. 8 (Maßband, Zuschneideschere), 9 (Kantenmagnet, Handmaß), 10–11, 12–13 (außer Maschinennadeln), 14–17, 20 (außer Jersey), 22 Mitte, 24 Mitte, 24 rechts, 25–27, 28 links, 28 Mitte, 29, 121 rechts, 140
Blutsgeschwister GmbH
Haare und Make-up
Konstantinos Gkoumpetis
Styling
Karin Ziegler
Models
Mona Leinung, Oranna Sperber
Schnittmuster
Blutsgeschwister GmbH
Illustrationen S. 19, 44–45, 66–67, 140–141 und alle technischen Zeichnungen der Modelle
Blutsgeschwister GmbH
Illustrationen Nähmaschine, Schere, Nadel mit Faden und 3 Stichen, Sicherheitsnadel, Knopf, Bügeleisen
Happy Art/Shutterstock
Illustrationen Nadelkissen, Schneiderpuppe, Maßband, Nadel mit Faden, Nadel mit Faden und Stichen, Garnrolle, Fingerhut
Malinovskaya Yulia/Shutterstock

Lektorat
Anja Fuhrmann
Gestaltung, Typografie, Realisation
Gudrun Bürgin Gestaltung, München
Schriftendesigner
Metroscript © Michael Doret © Font Bros.
www.fontbros.com

Für den DK Verlag
Programmleitung
Monika Schlitzer
Redaktionsleitung
Caren Hummel
Projektbetreuung
Katharina May
Herstellungsleitung
Dorothee Whittaker
Herstellungskoordination
Arnika Marx
Herstellung
Kim Weghorn

ISBN 978-3-8310-2790-3

Repro
Farbsatz, Neuried

Druck und Bindung
C&C Offset Printing, China

Besuchen Sie uns im Internet
www.dorlingkindersley.de